Chicas Babes

Libro De Colorear Para Los Papás

Coloring Bandit

Publicado por Speedy Publishing Canada Limited

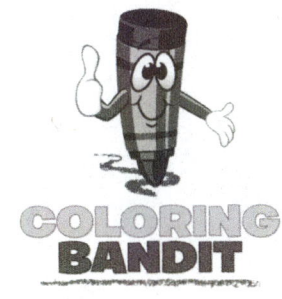

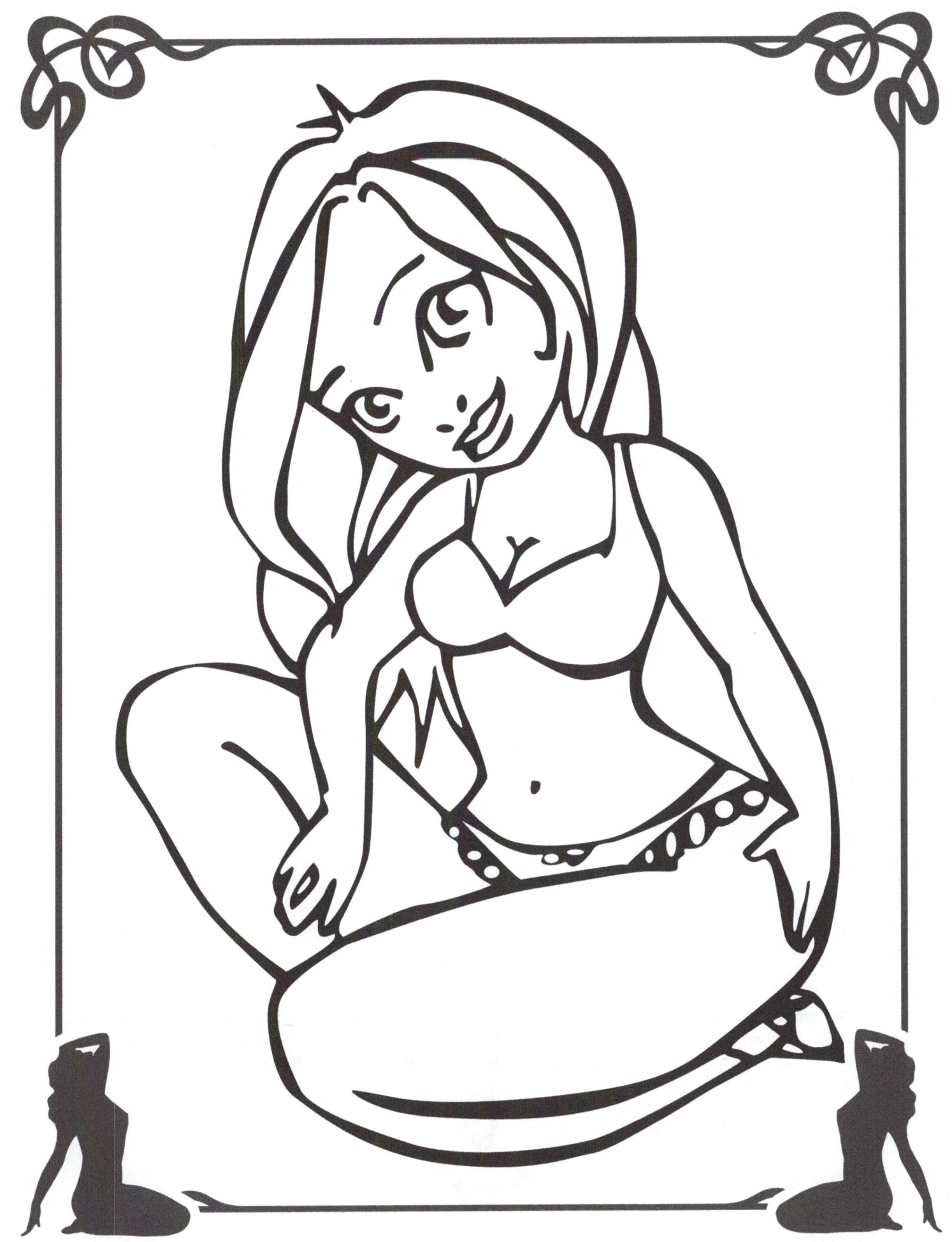

Se trata de un sangrado a través de la página si está usando un colorante marcador o pluma!
Encontrar otros títulos grandes por busca de Bandido Para Colorear en tu favorito libro minorista
Amazon.Ca | Barnes & Noble (BN.Com) | Libros 1 Millón (BAM.Com)

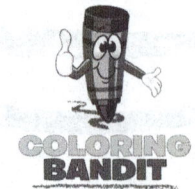

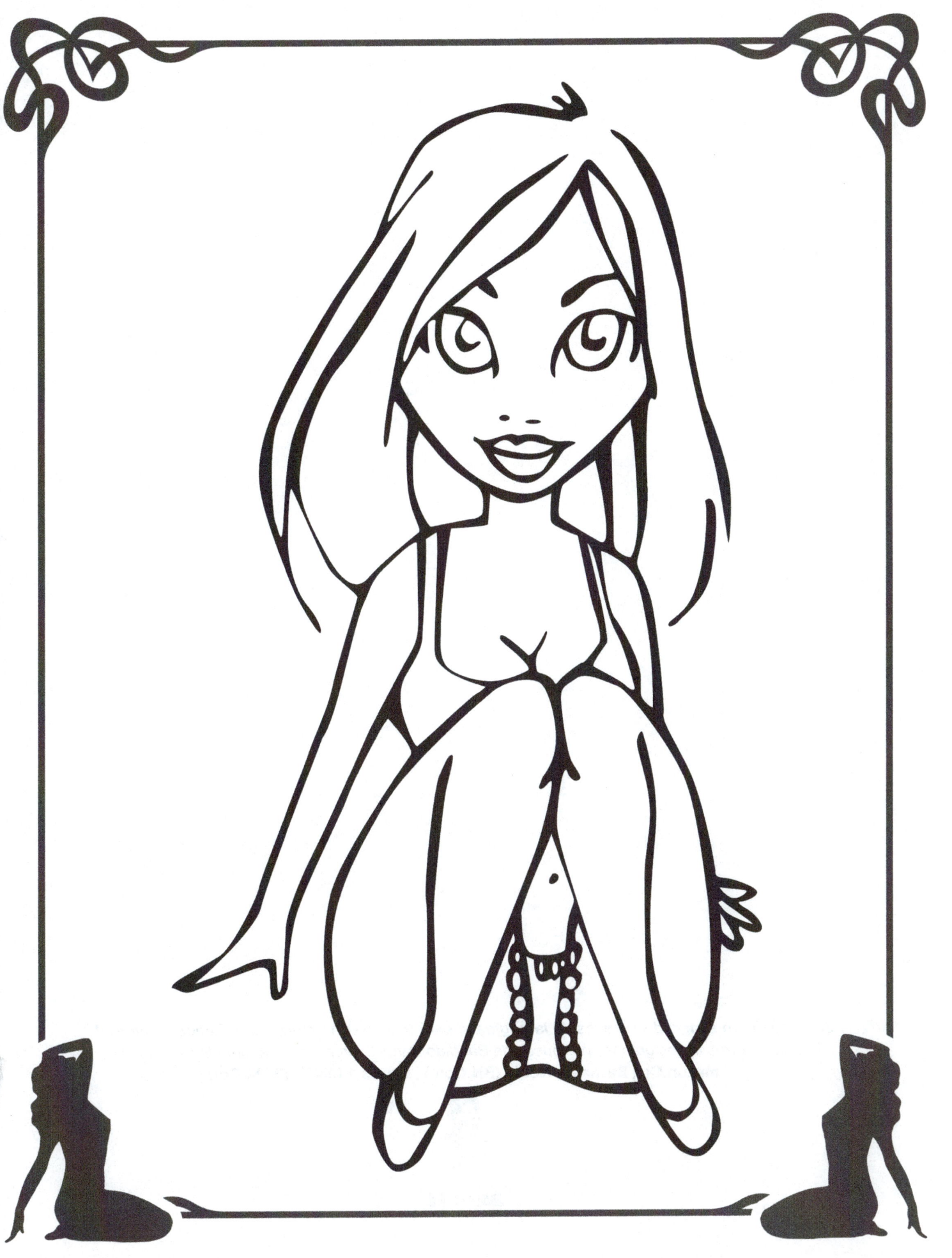

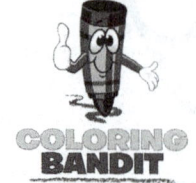

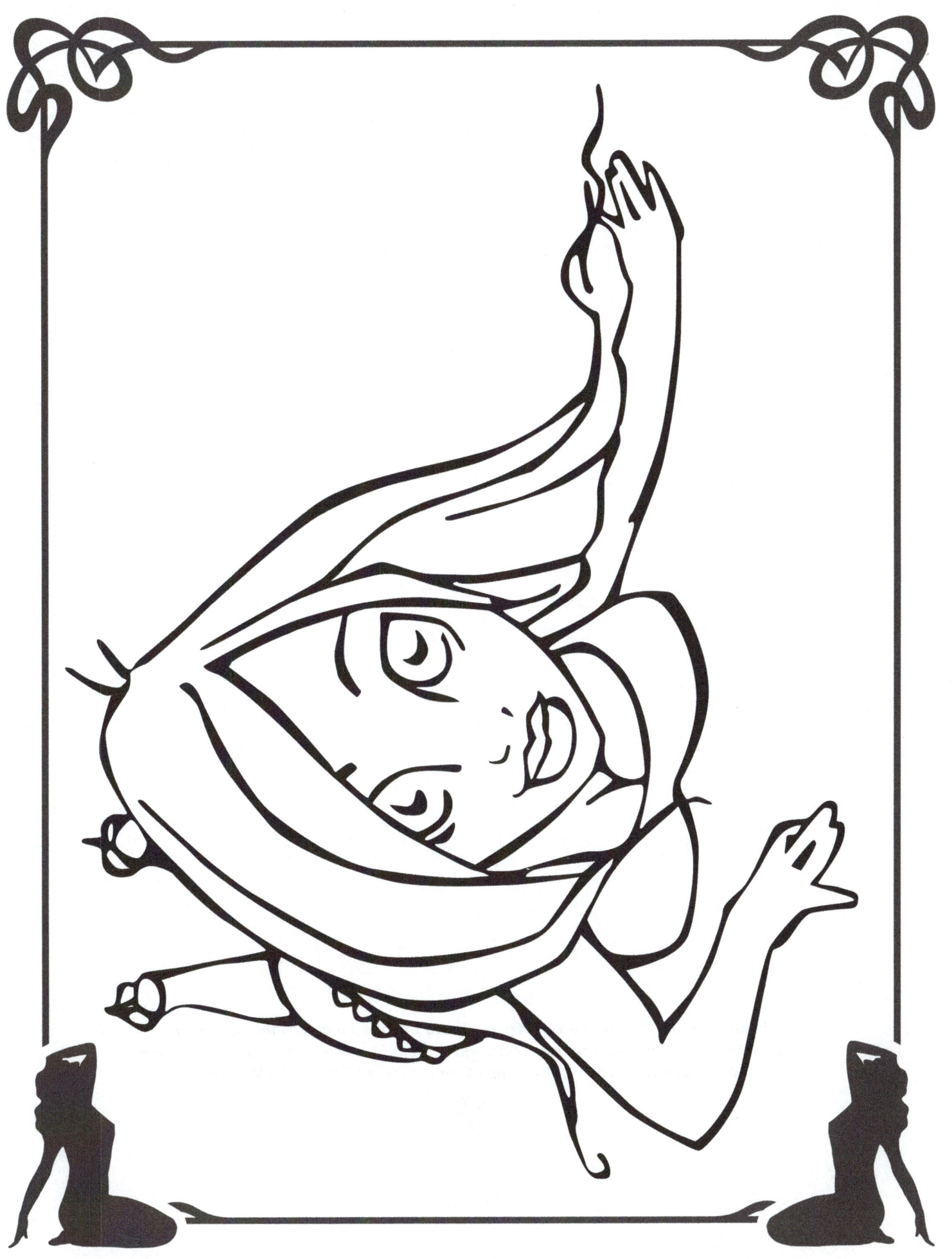

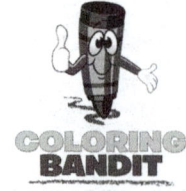

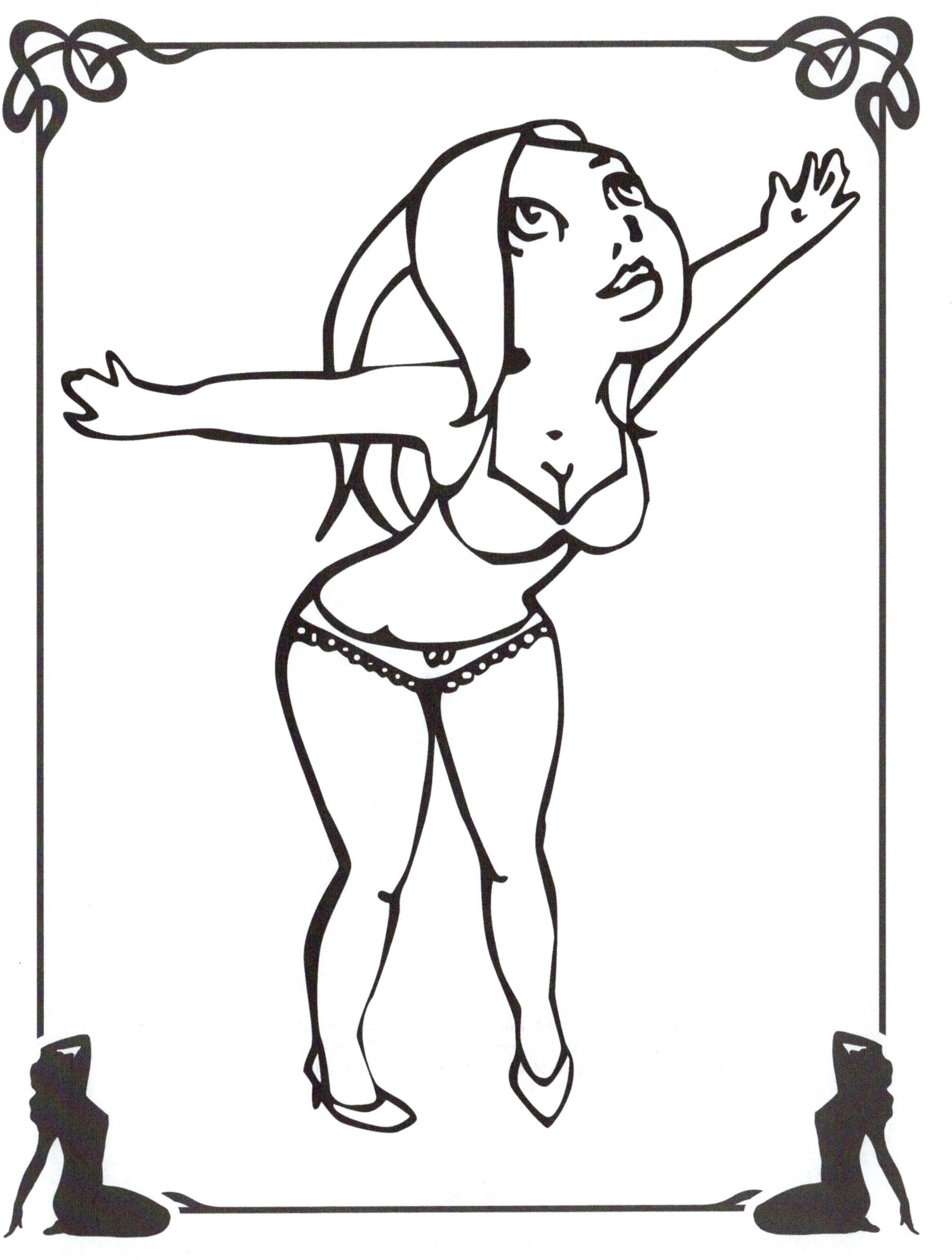

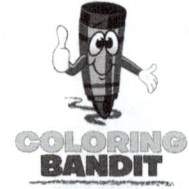

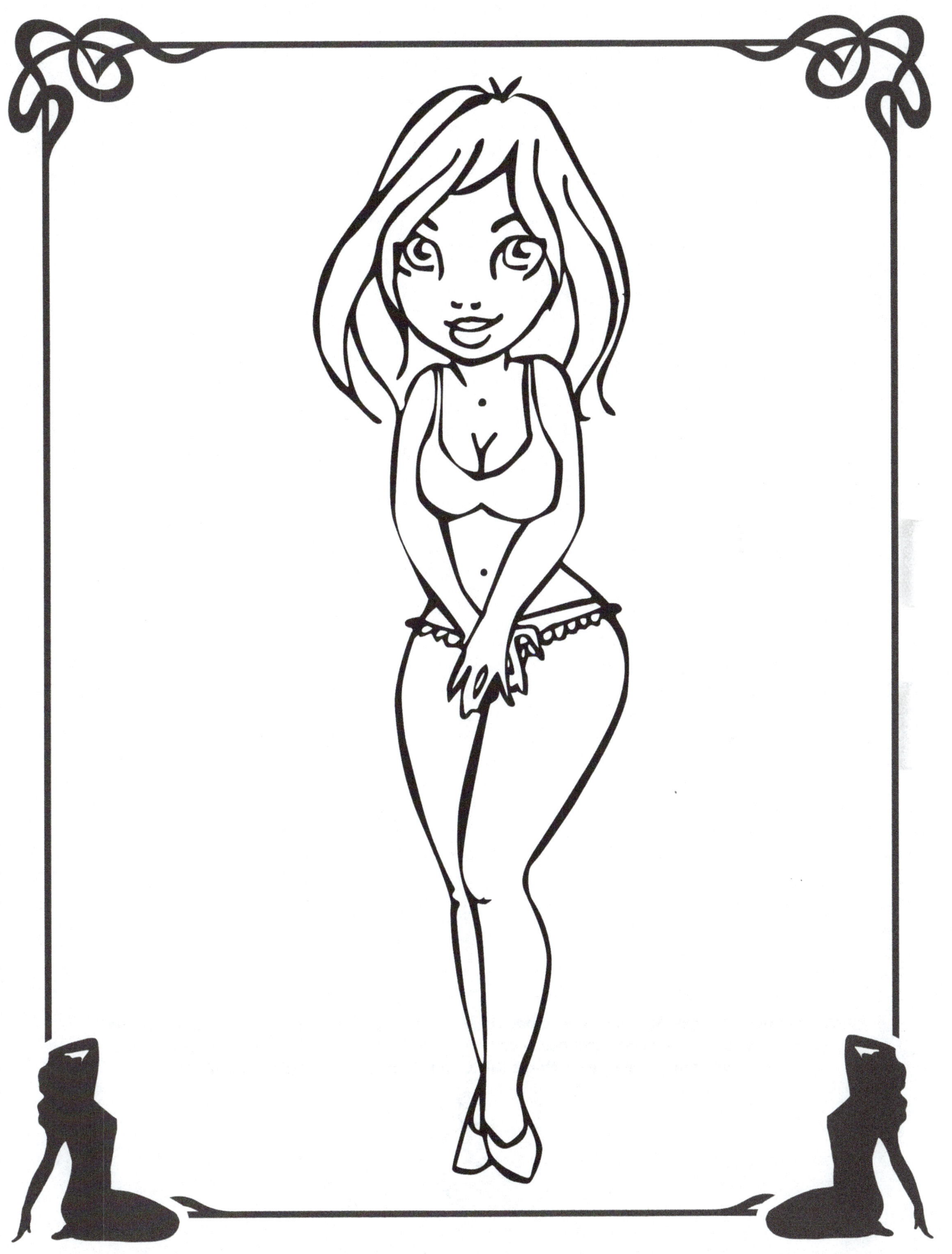

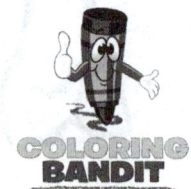

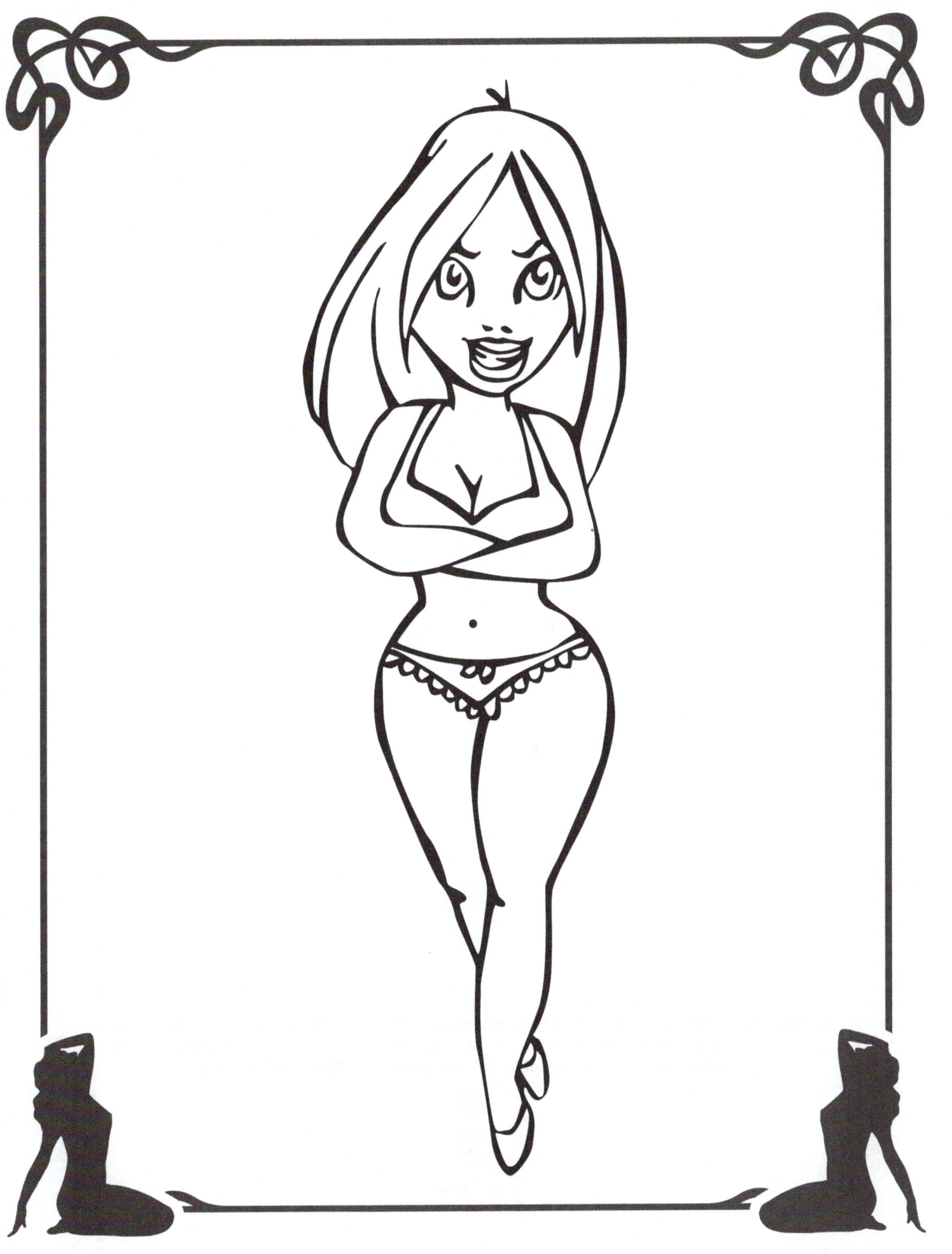

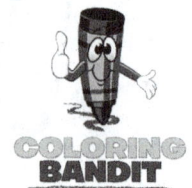

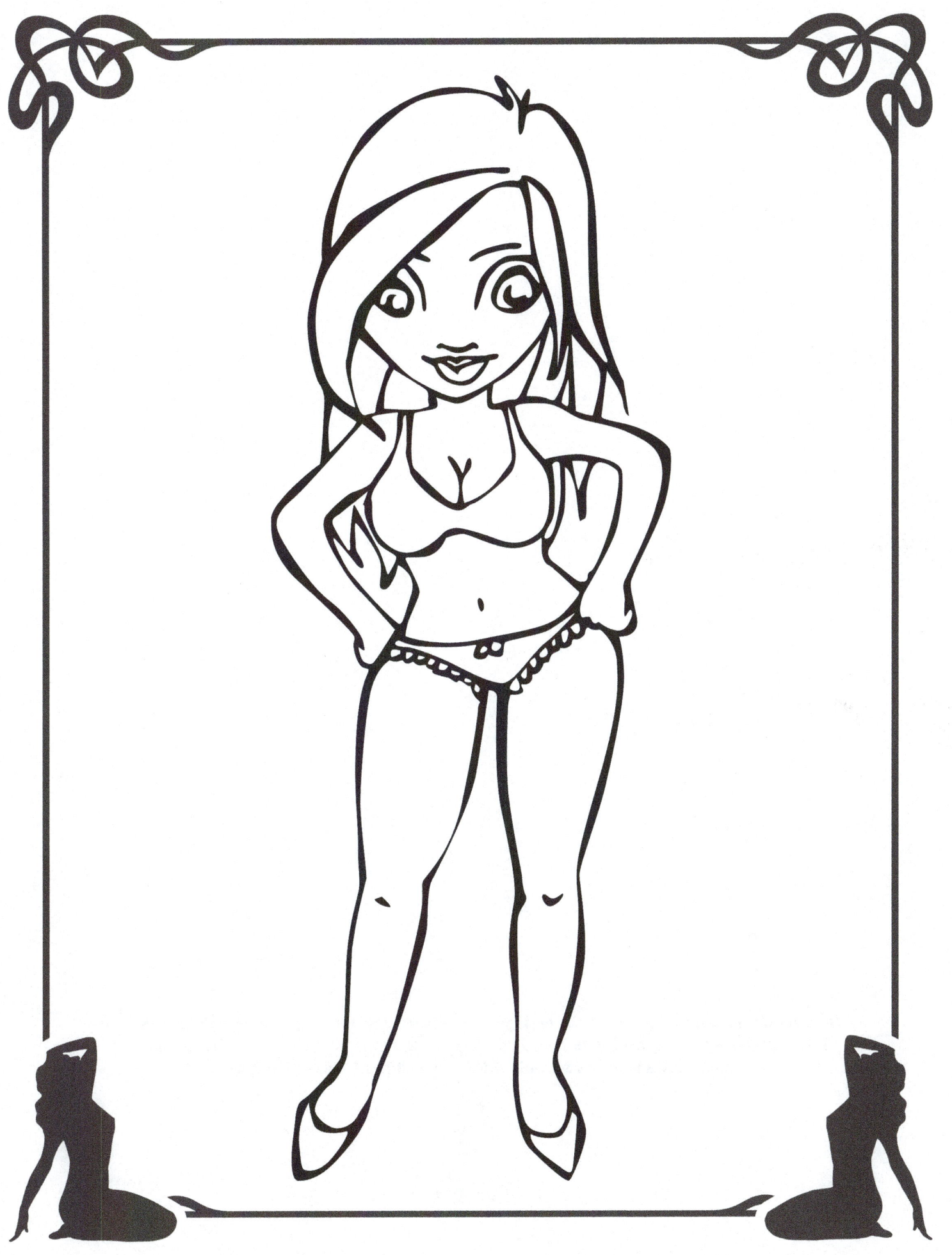

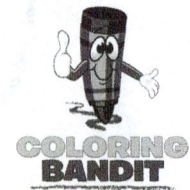

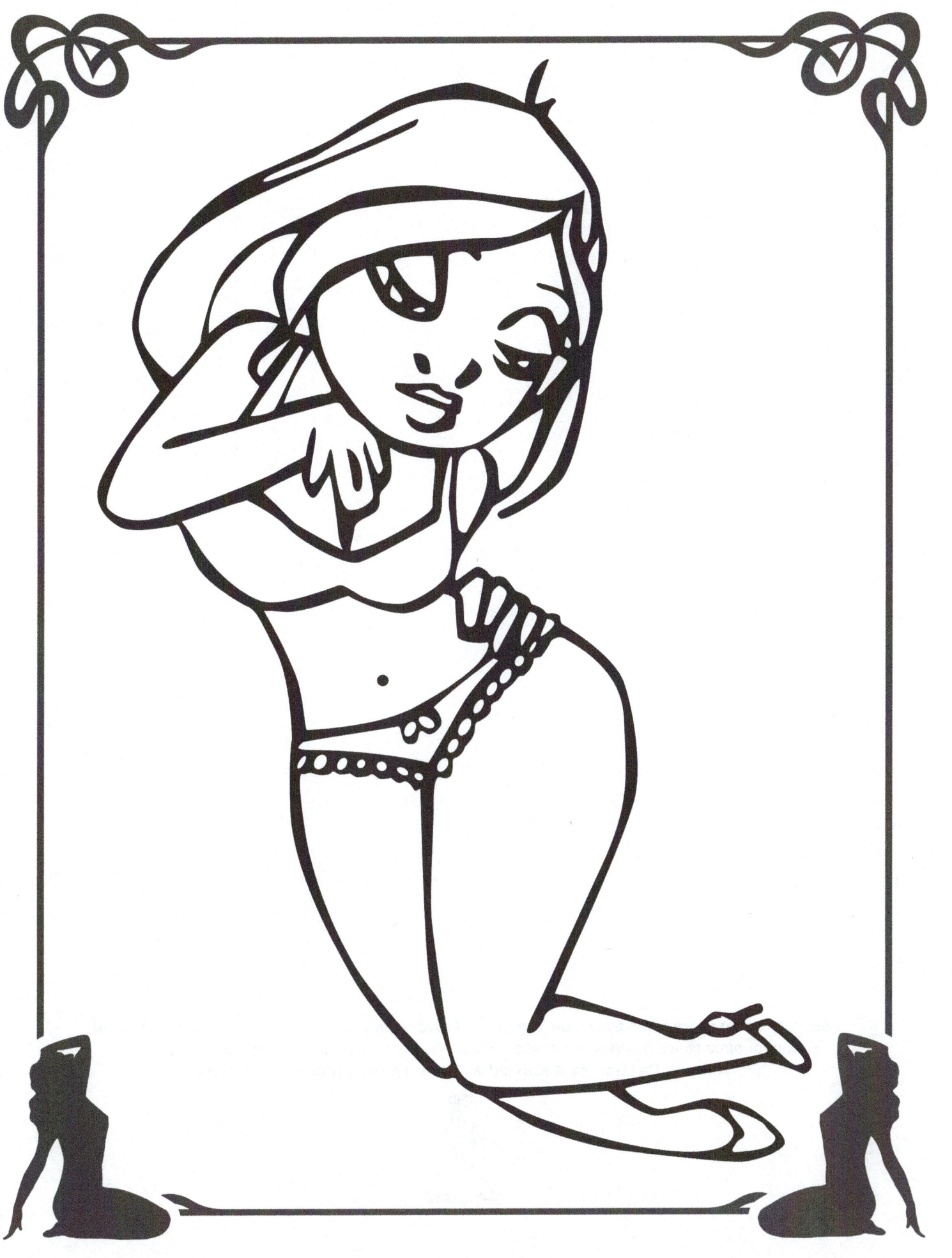

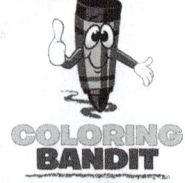

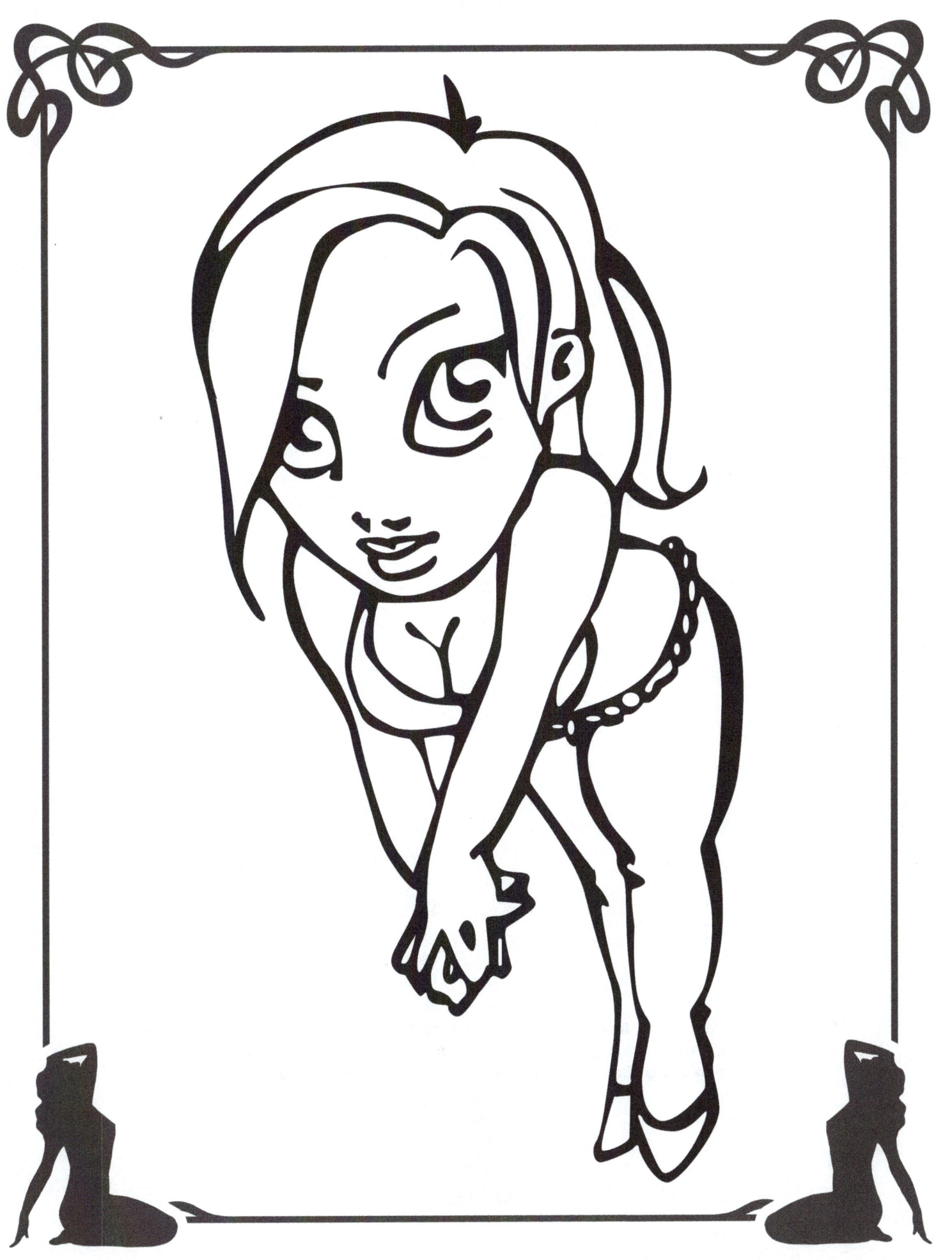

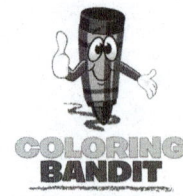

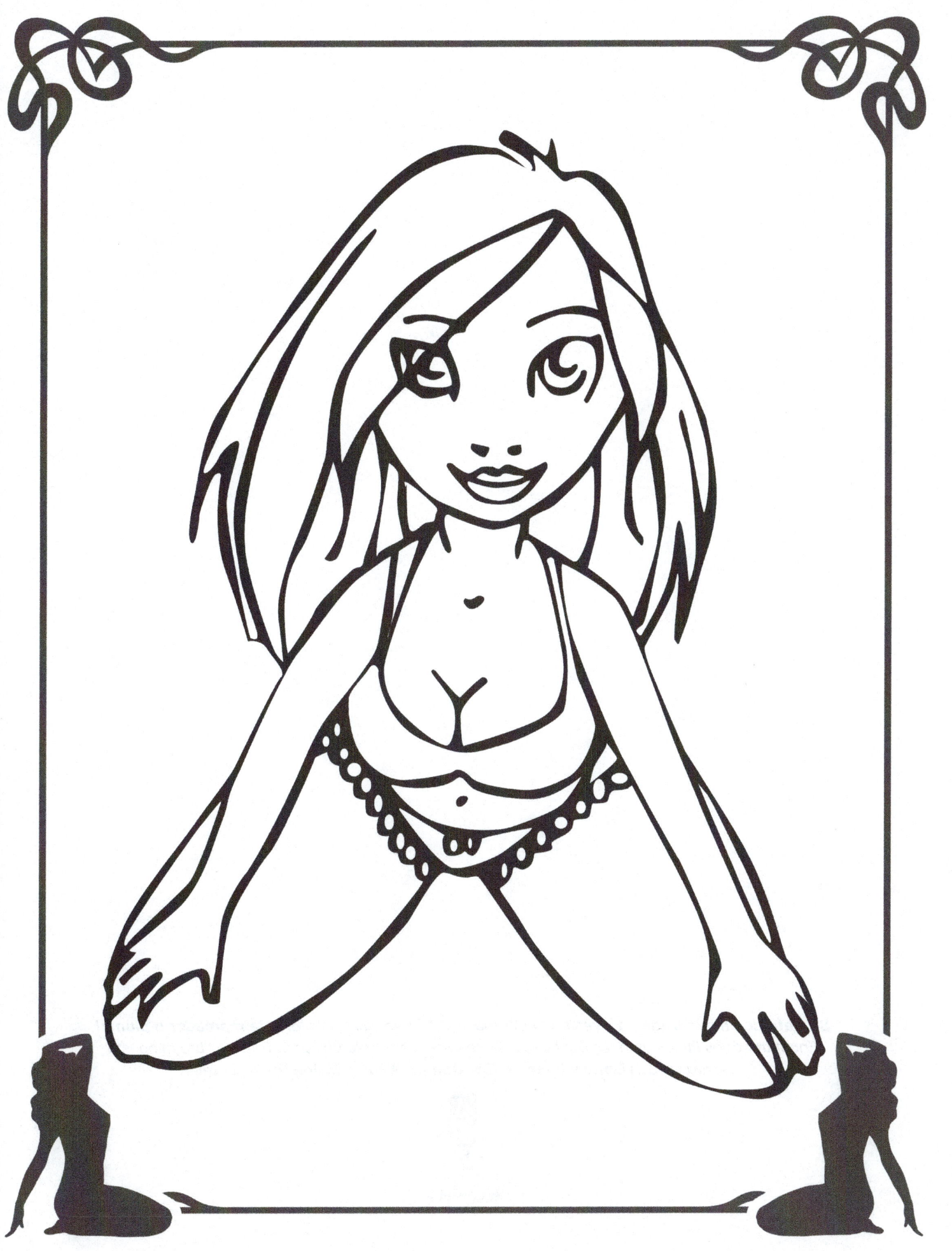

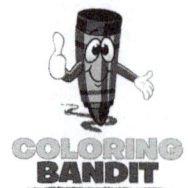

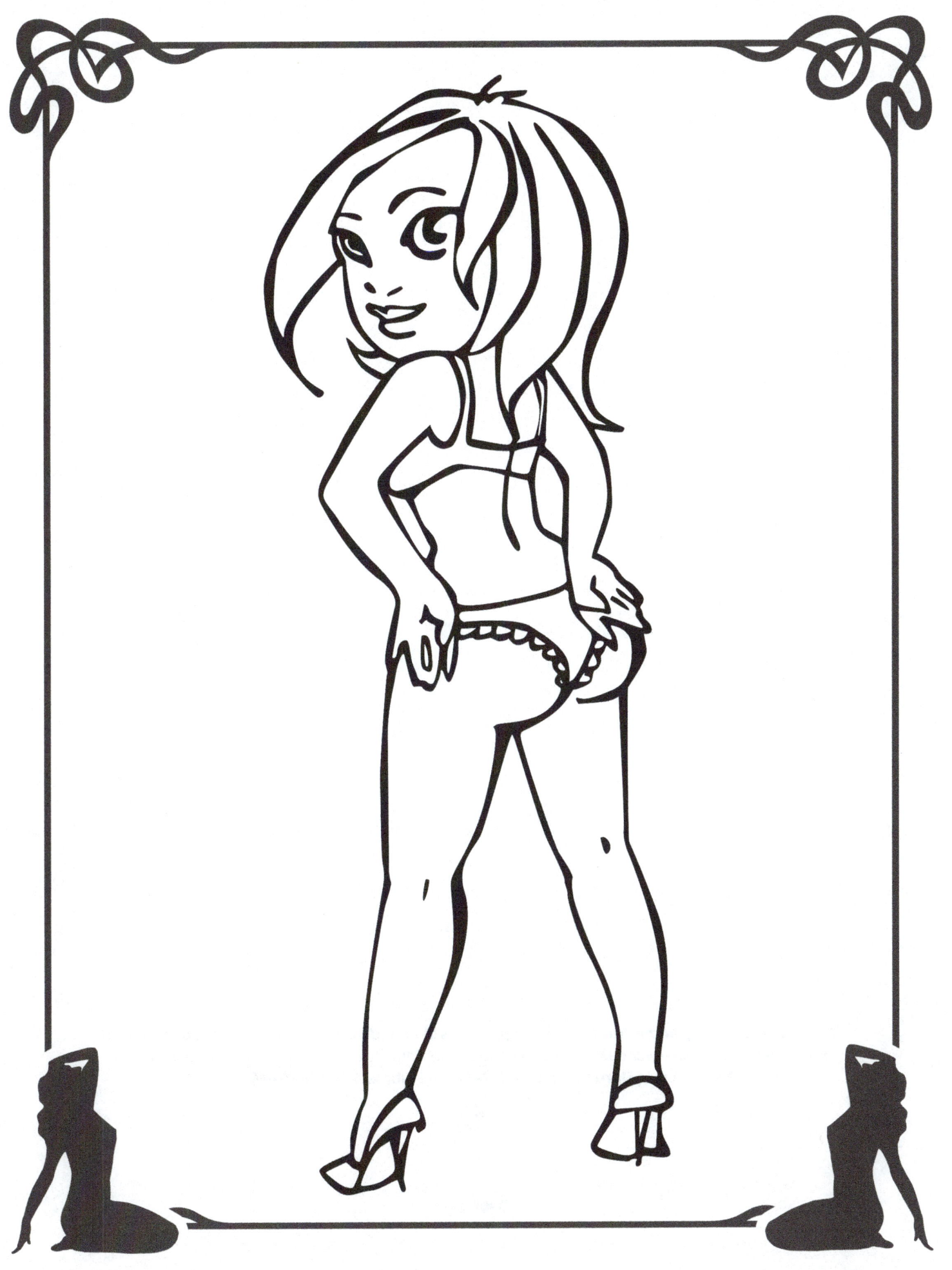

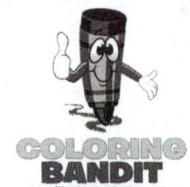

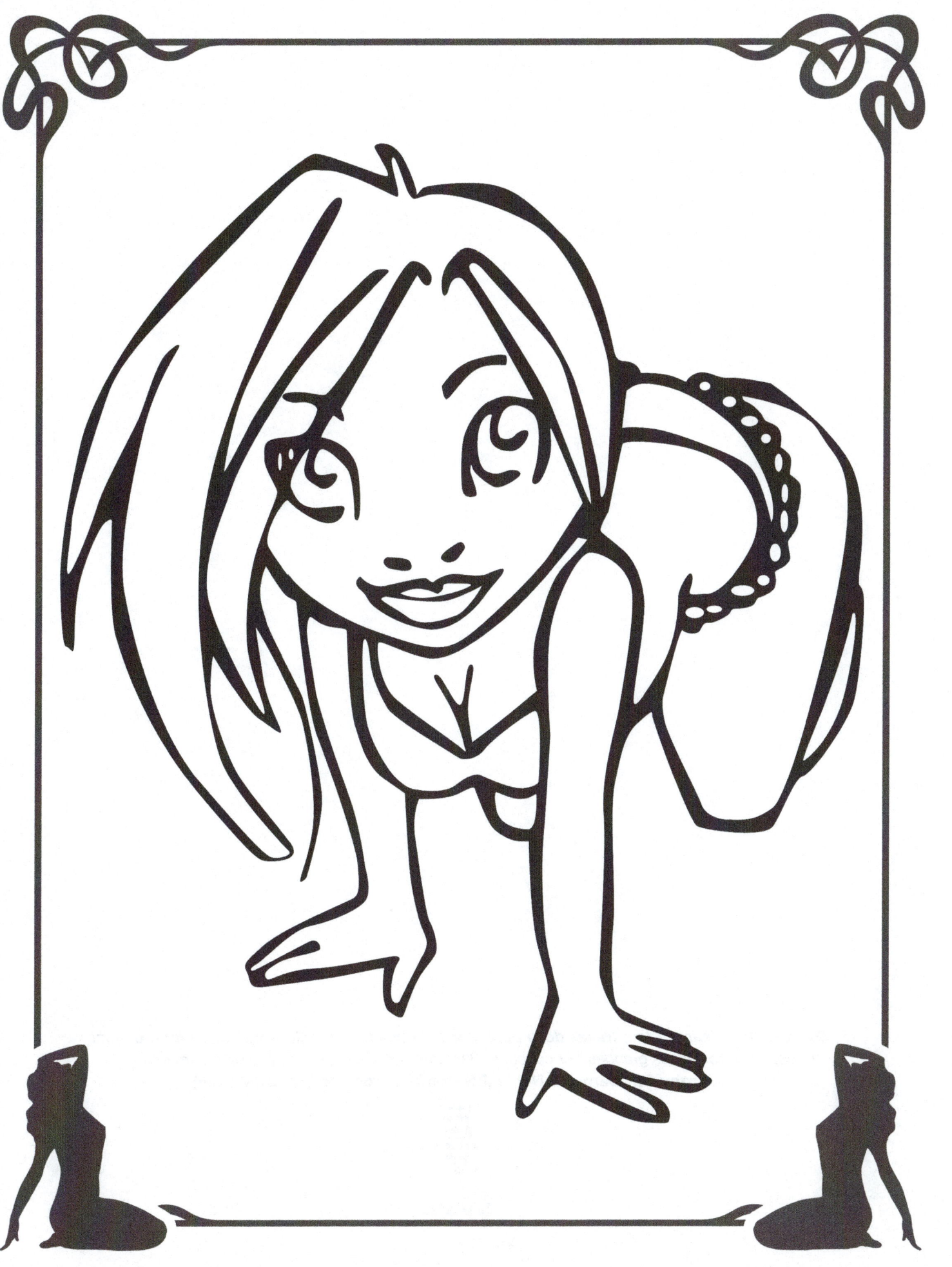

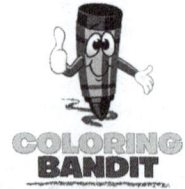

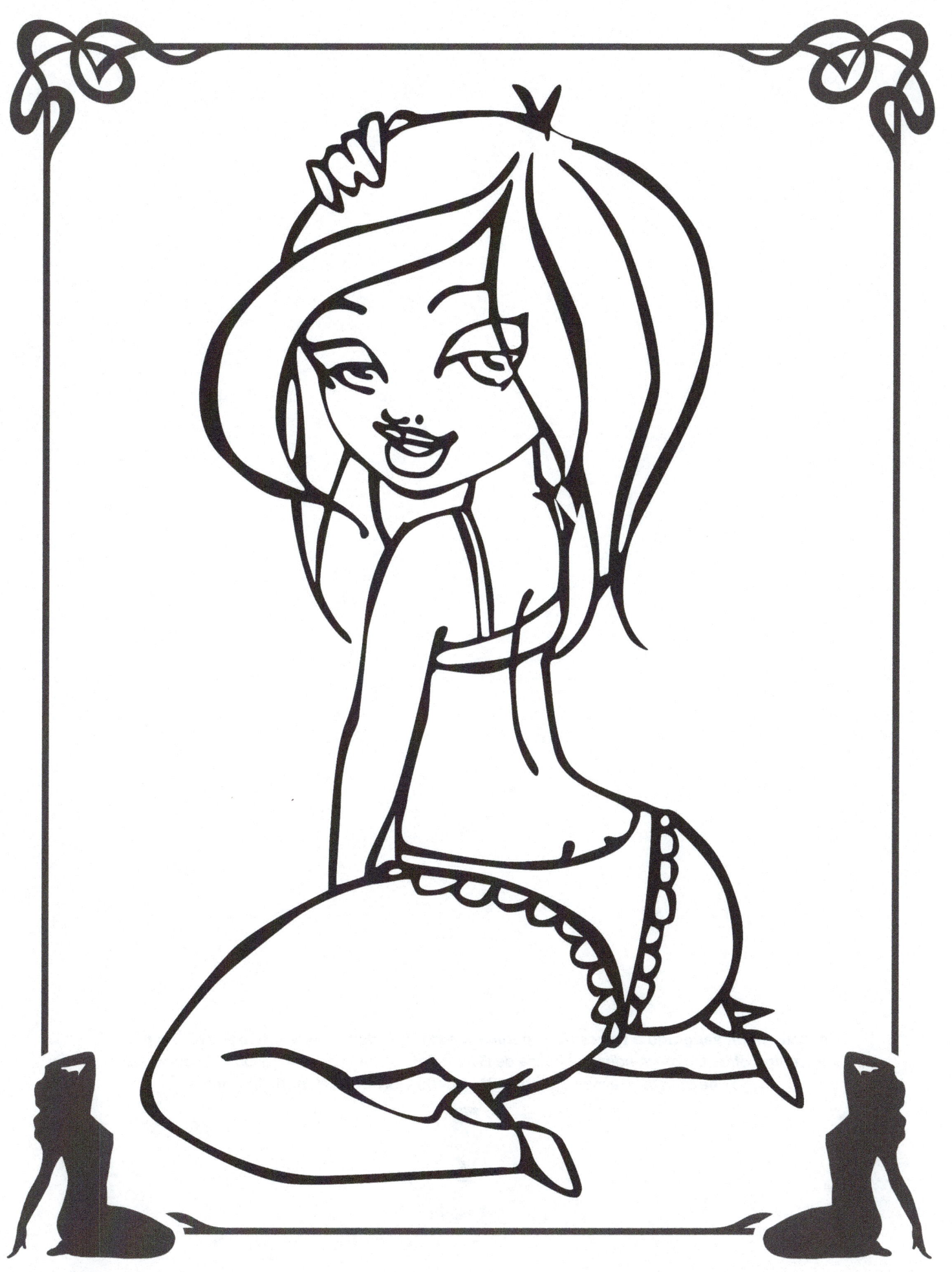

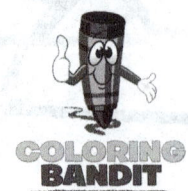

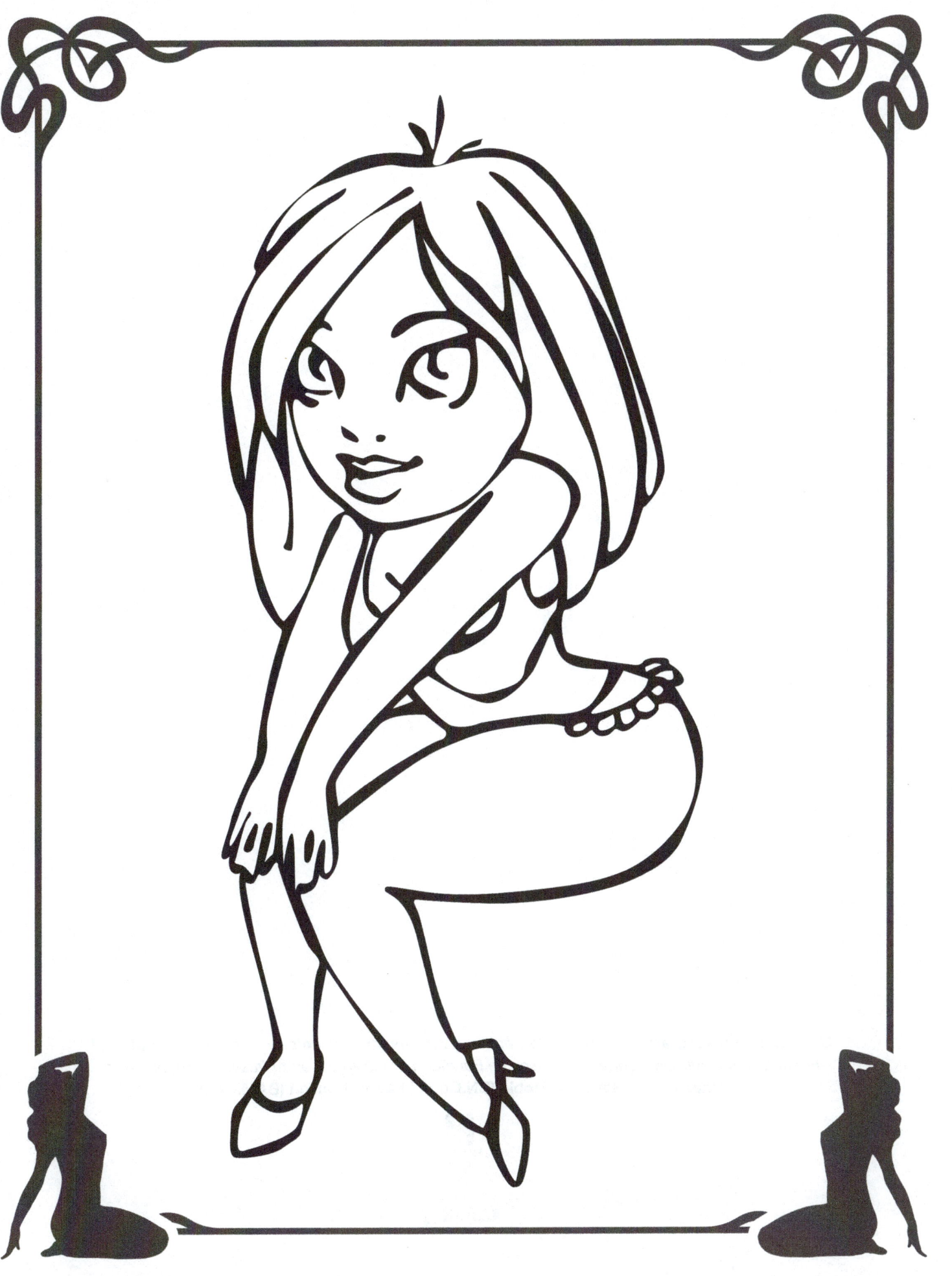

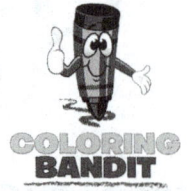

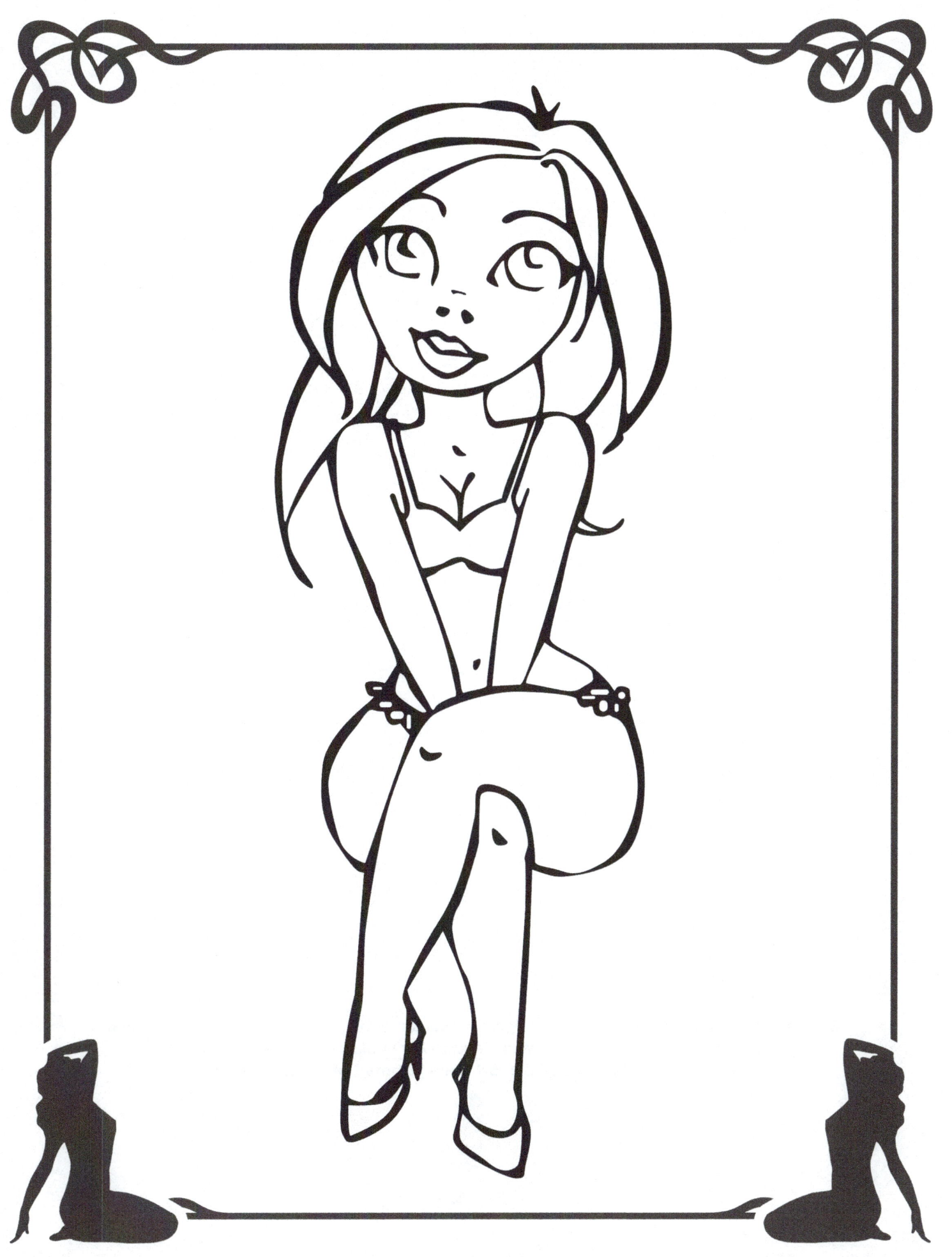

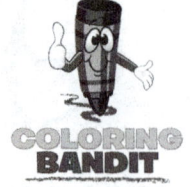

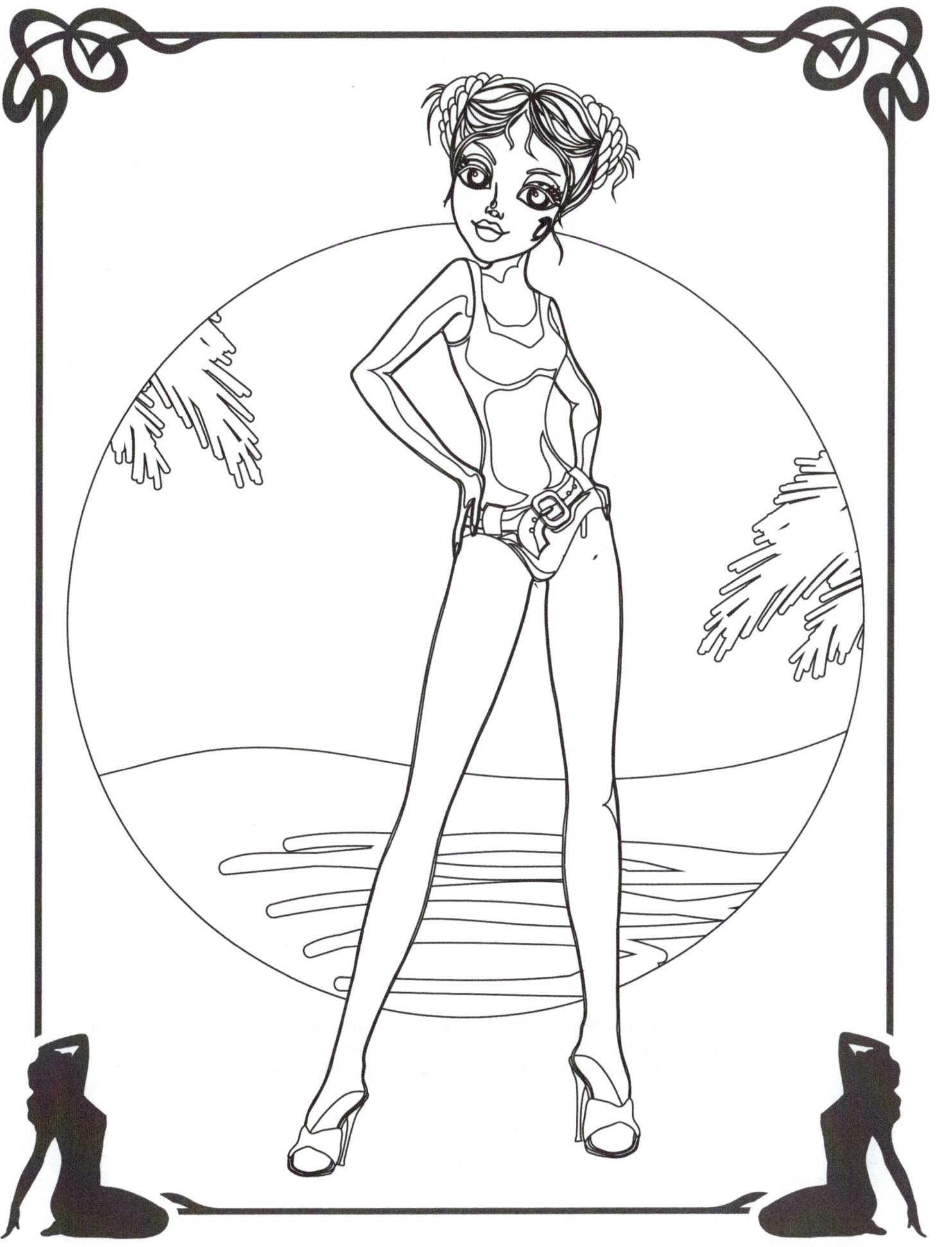

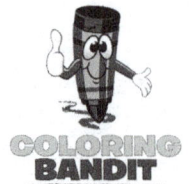

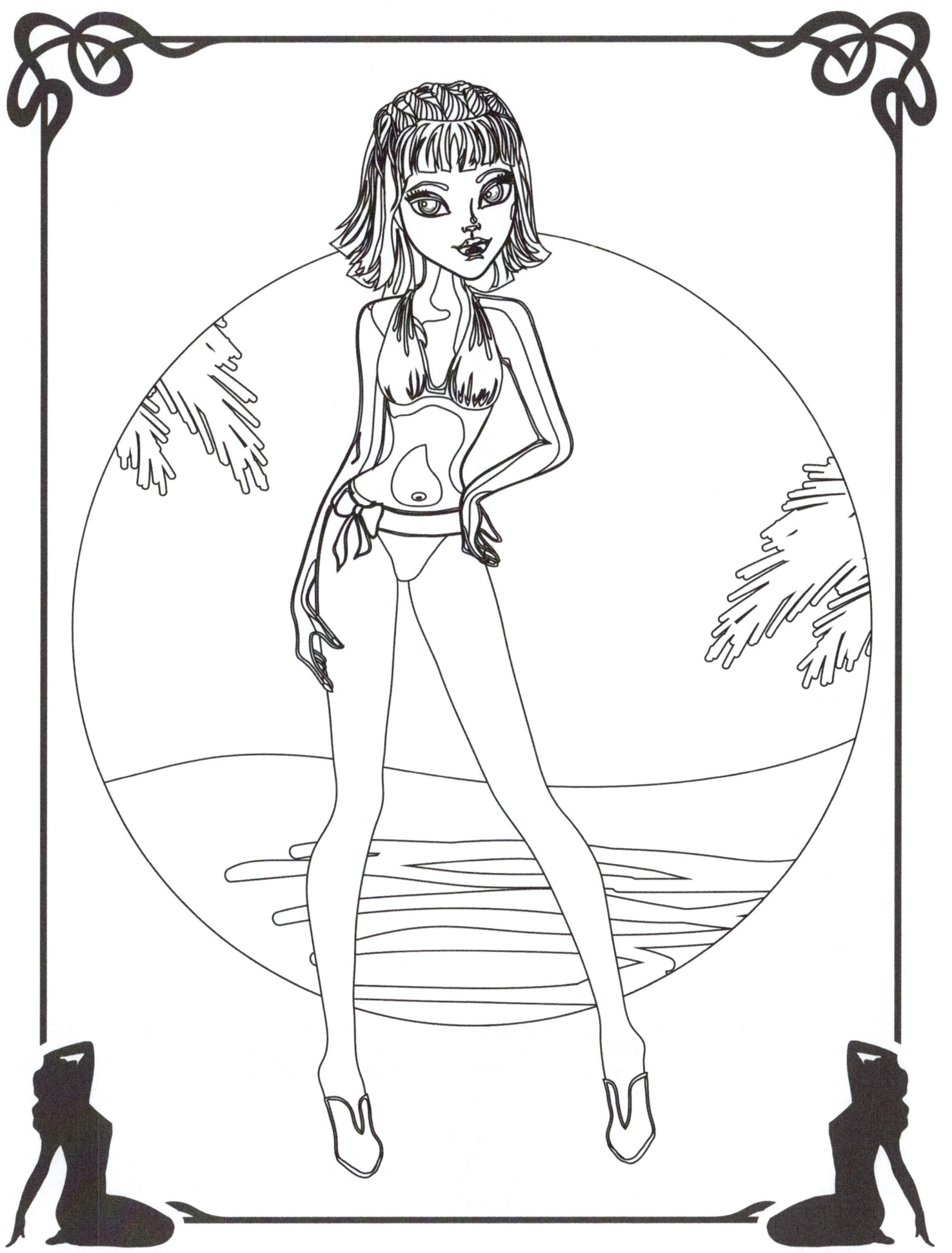

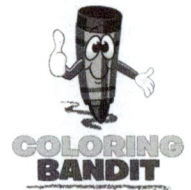

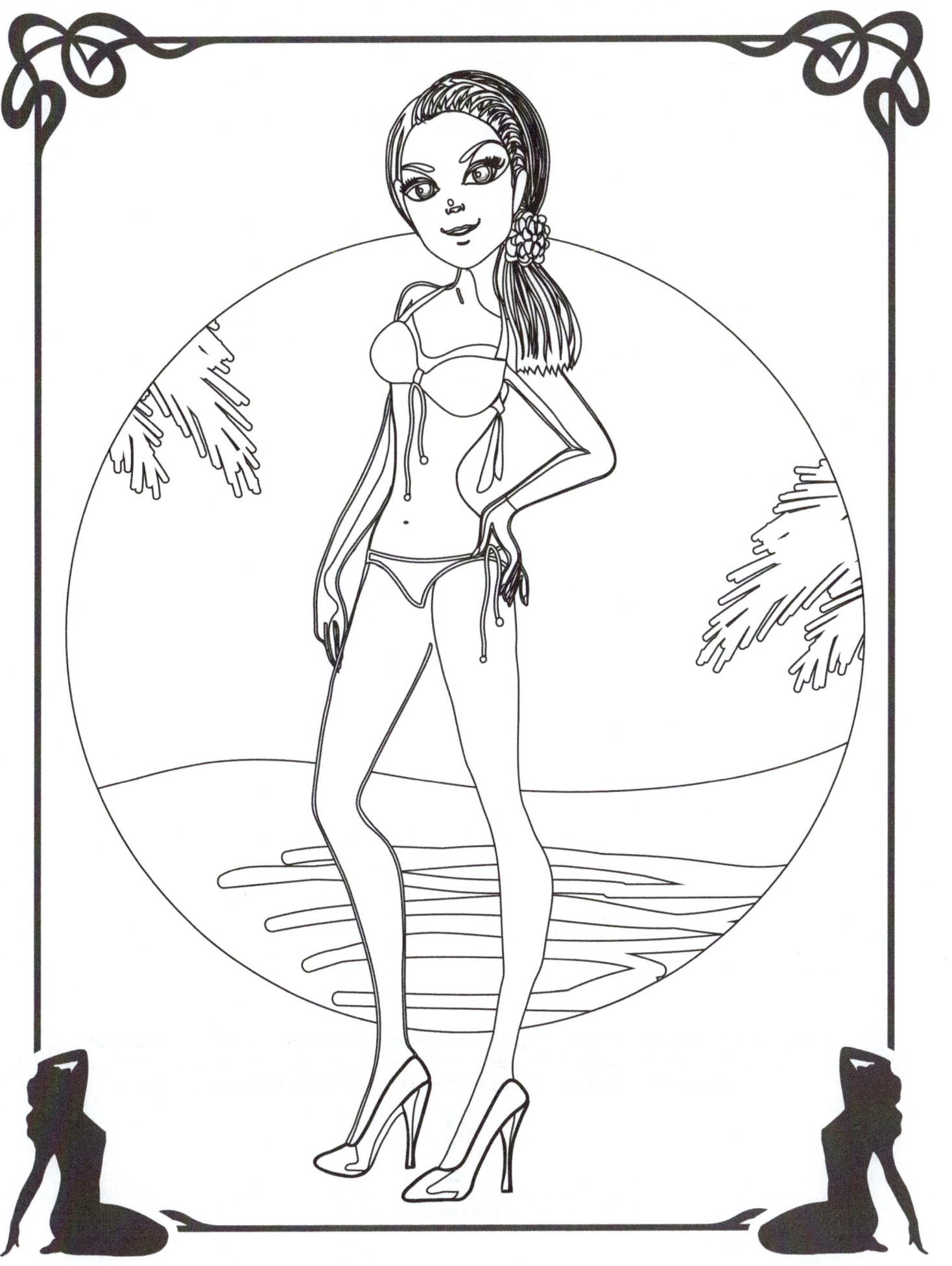

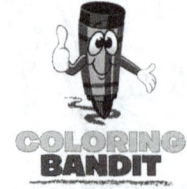

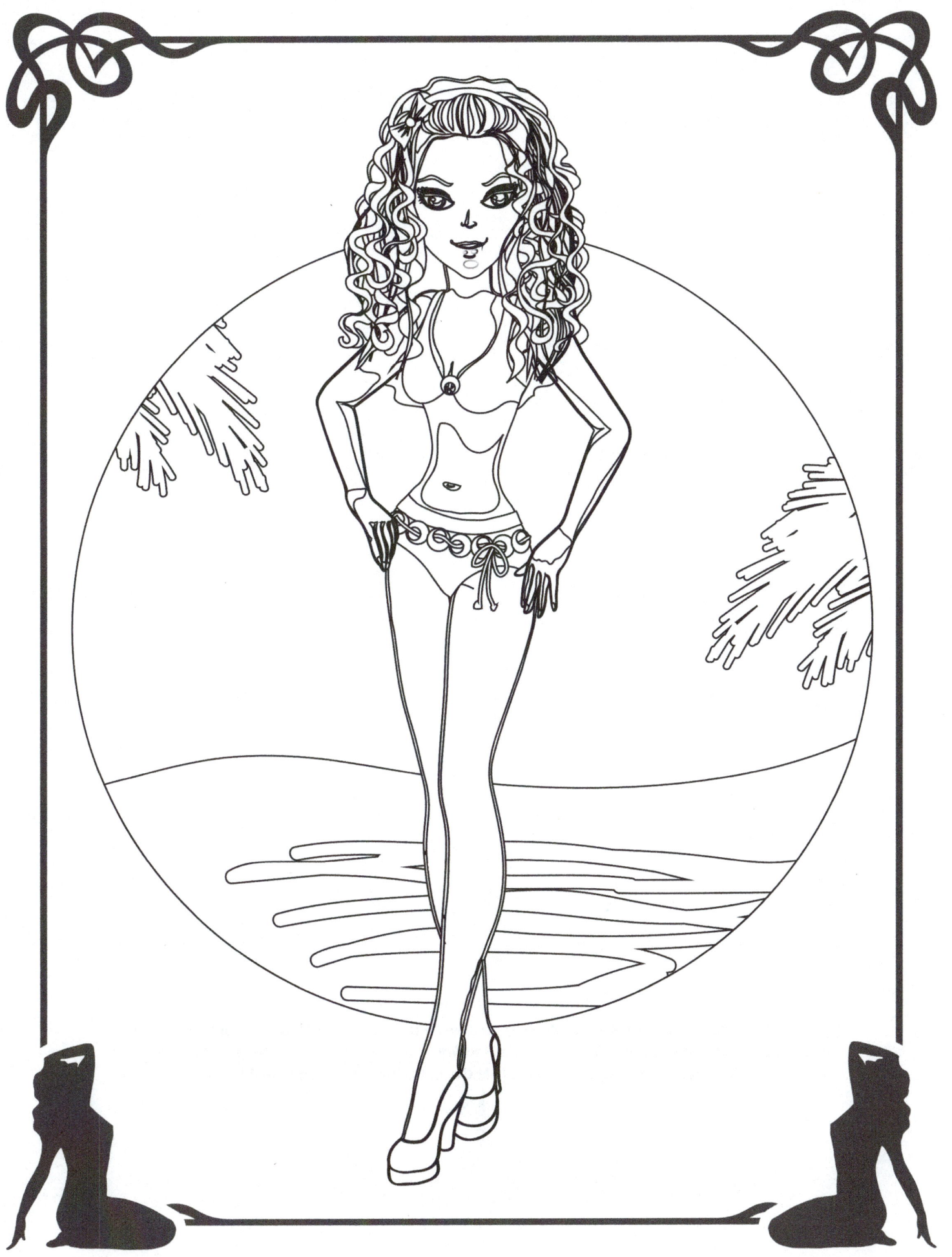

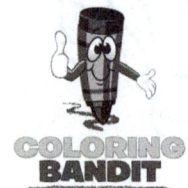

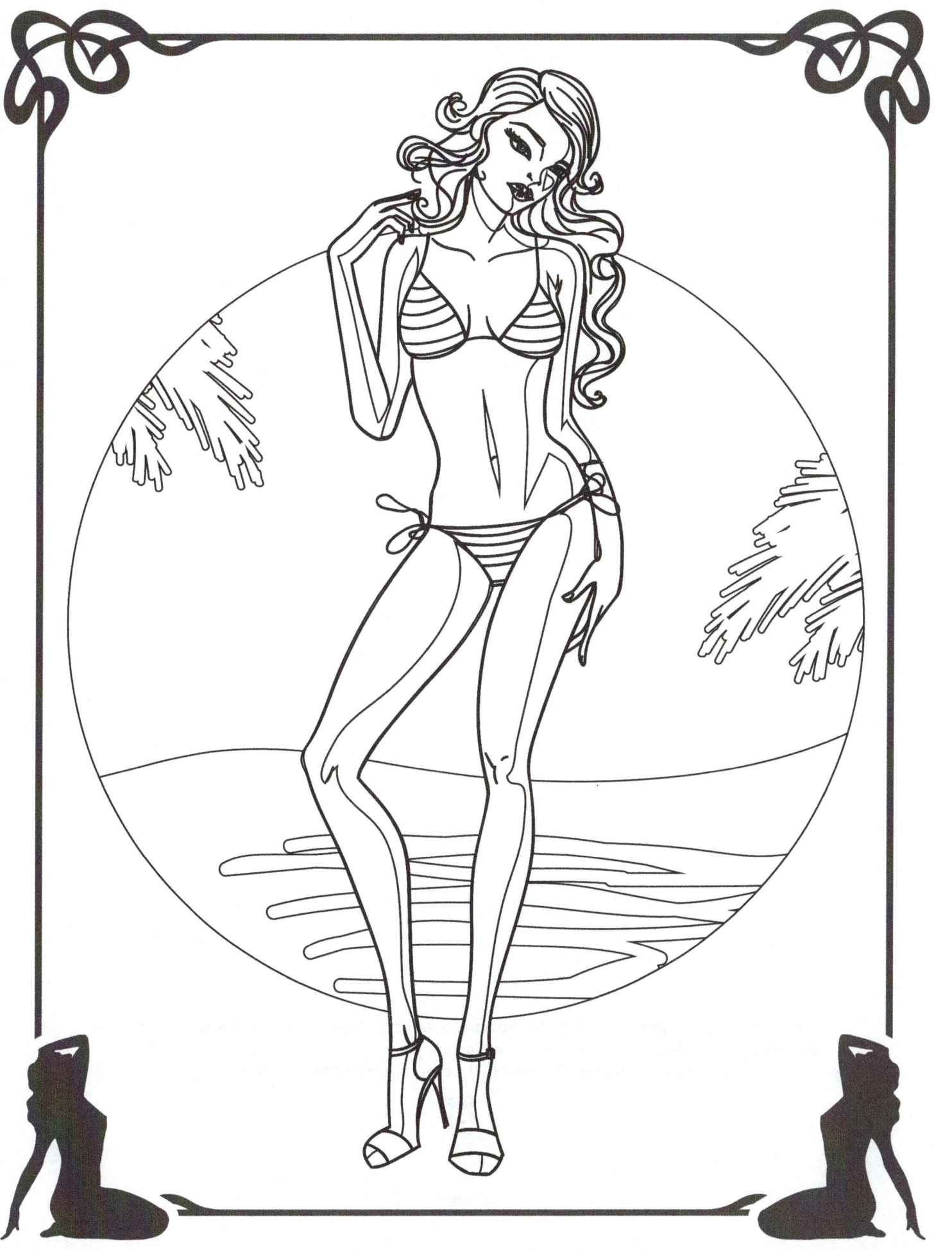

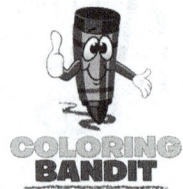

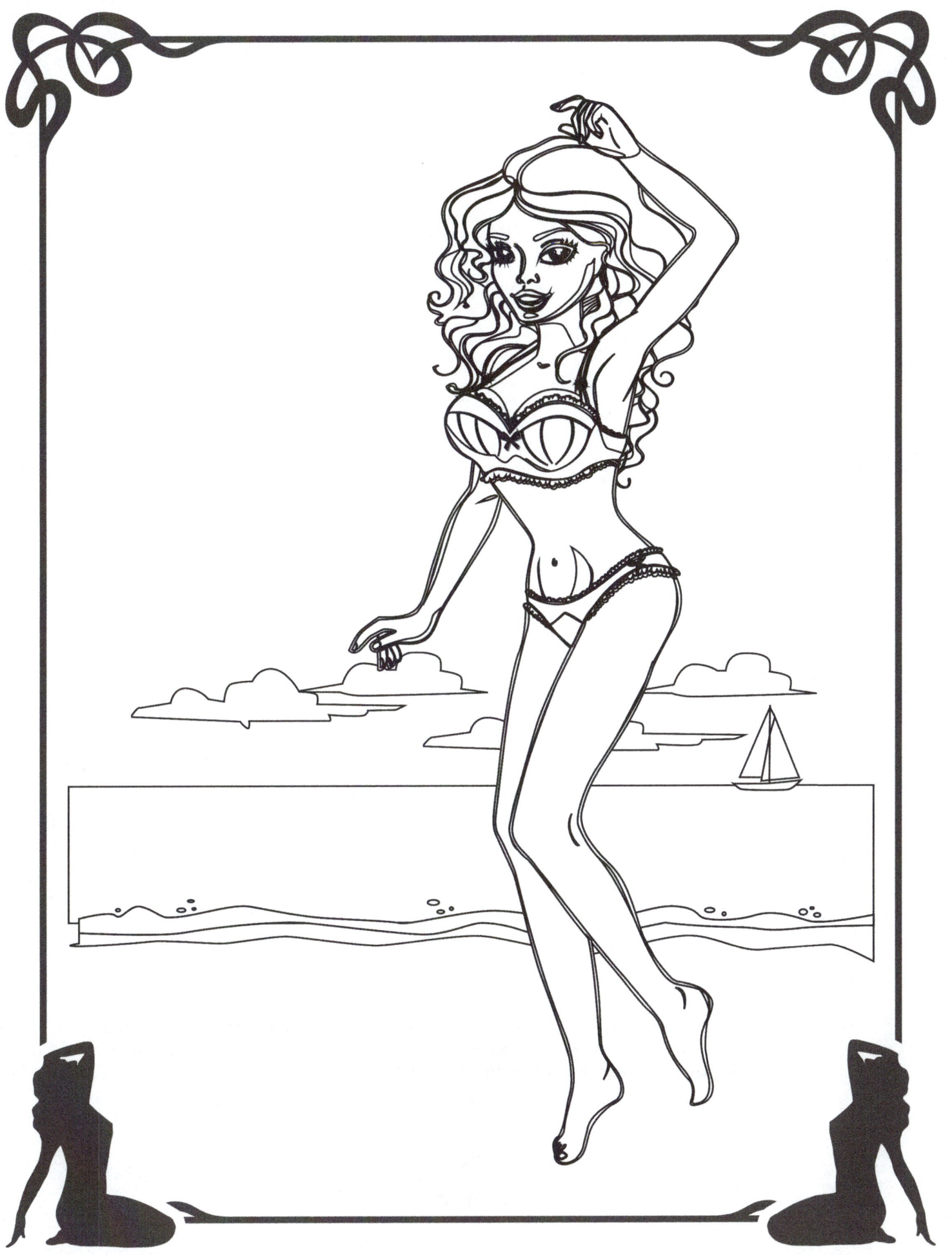

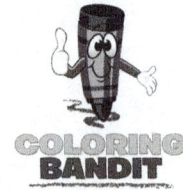

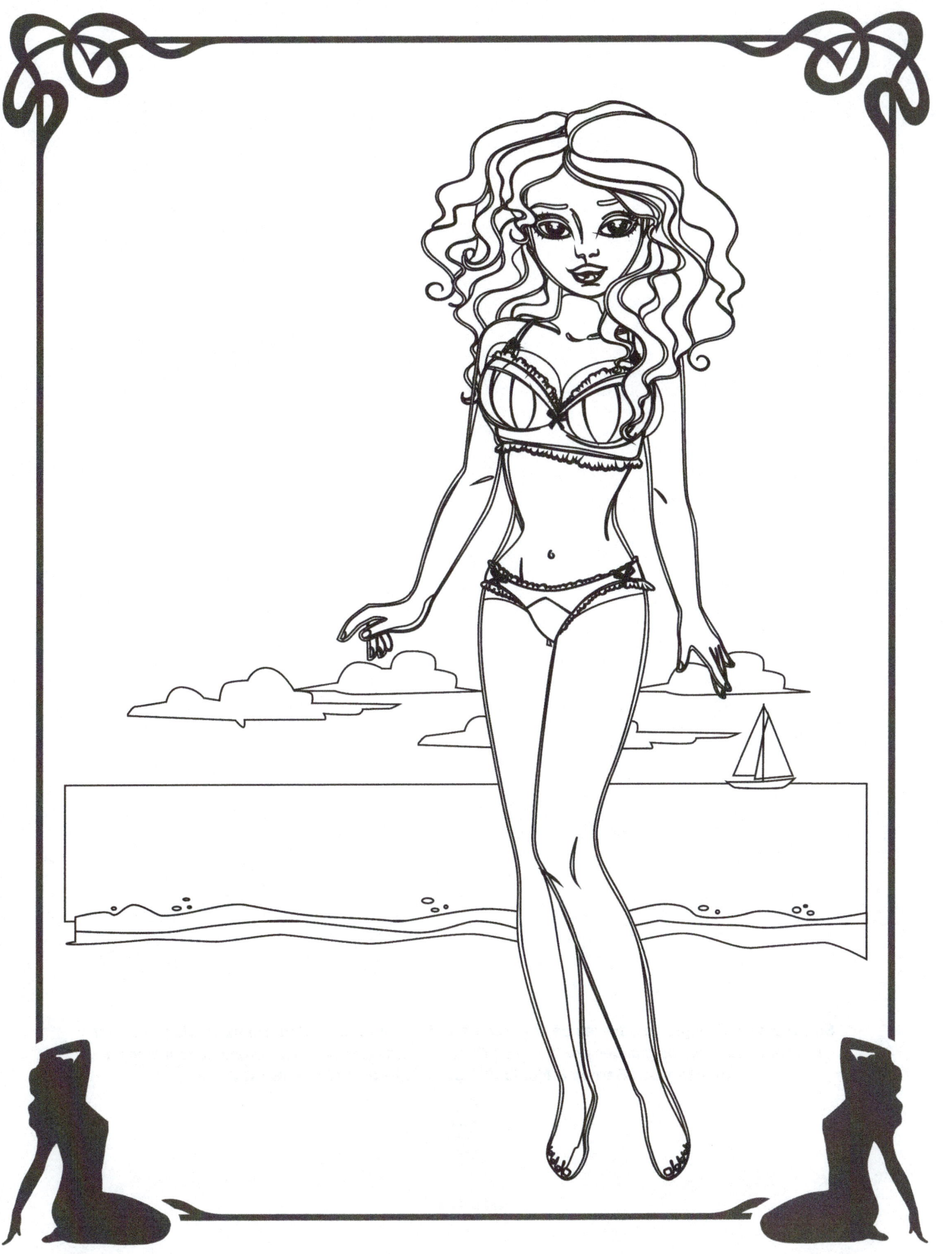

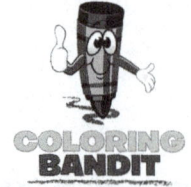

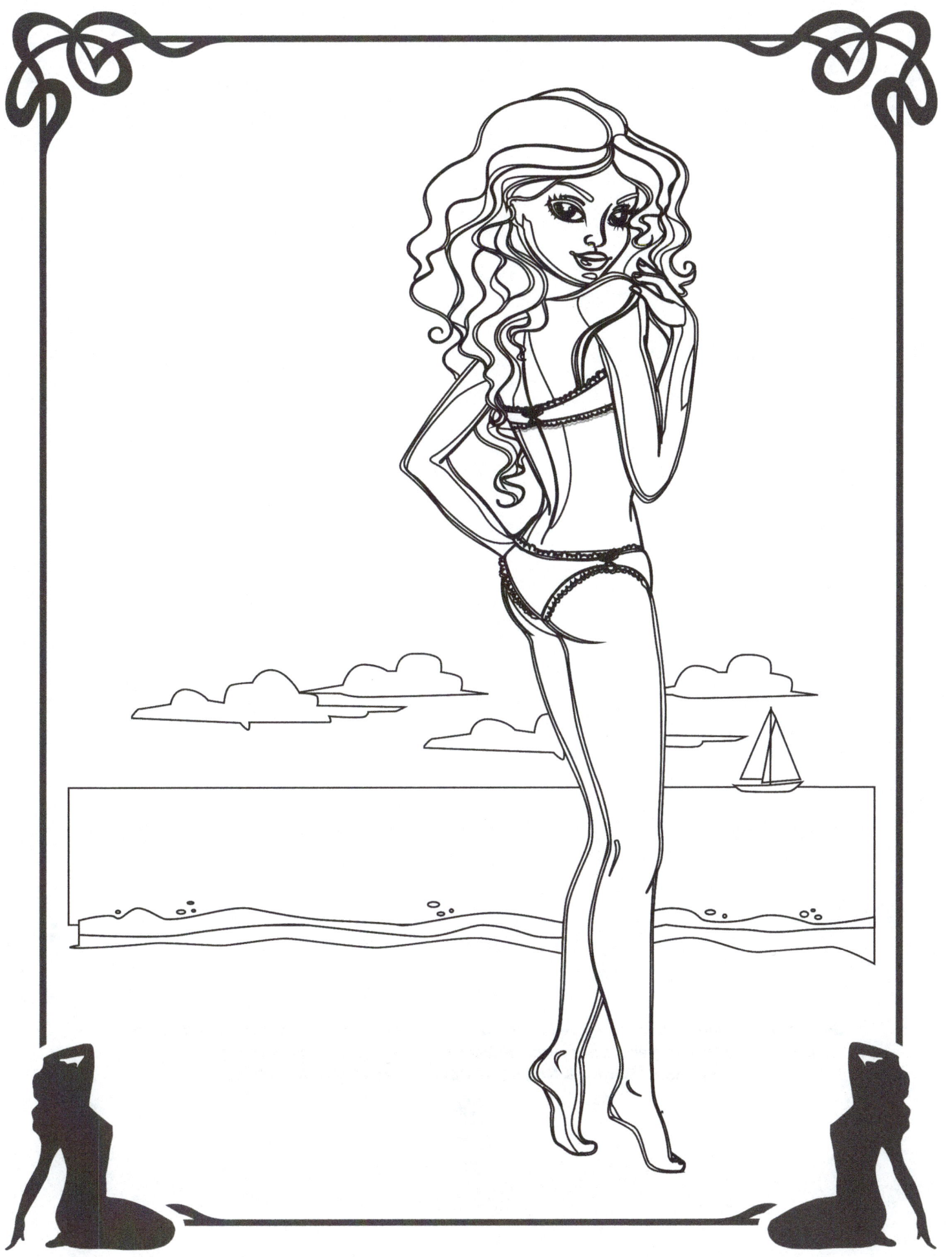

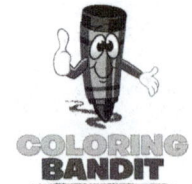

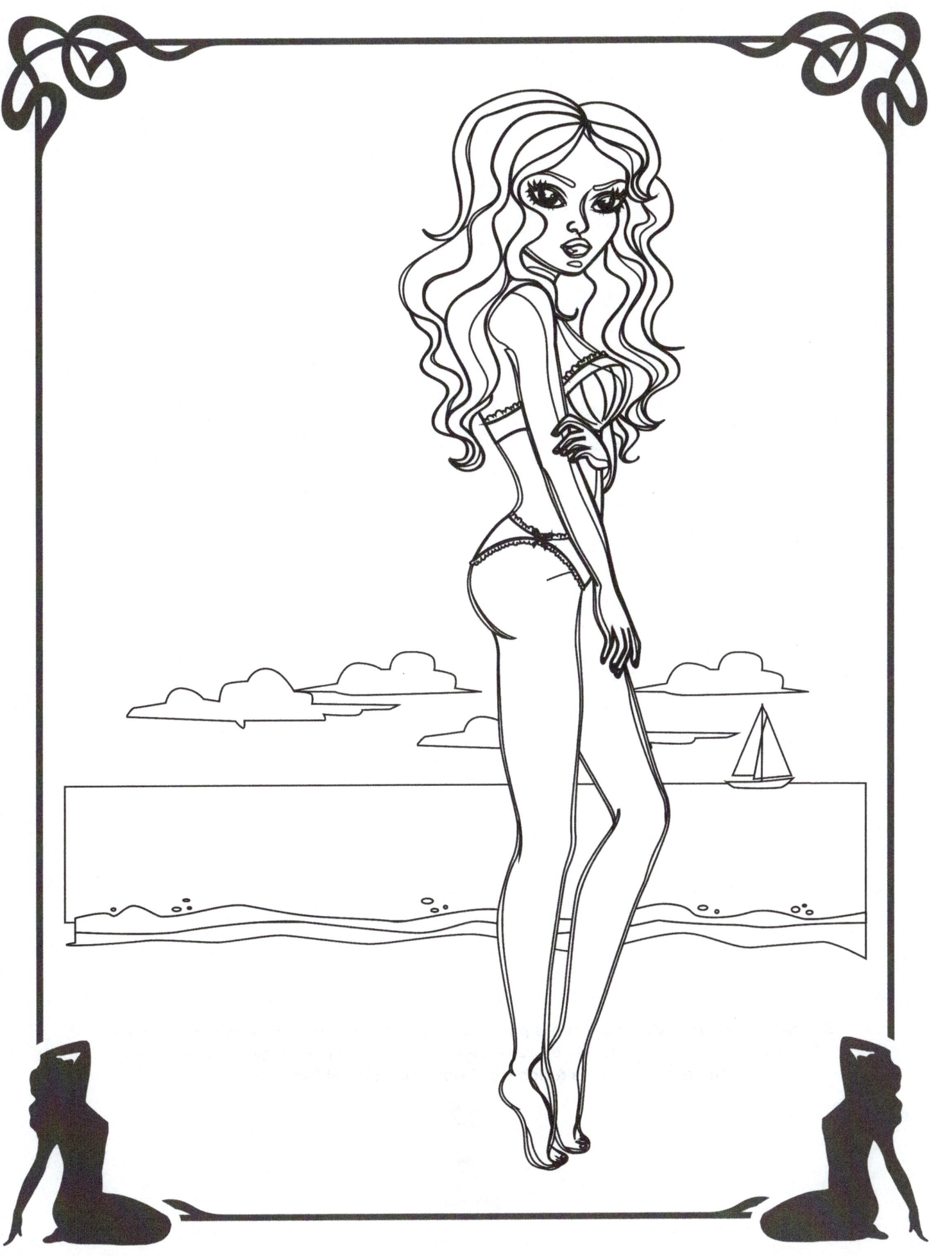

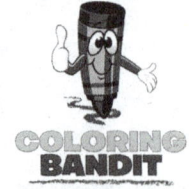

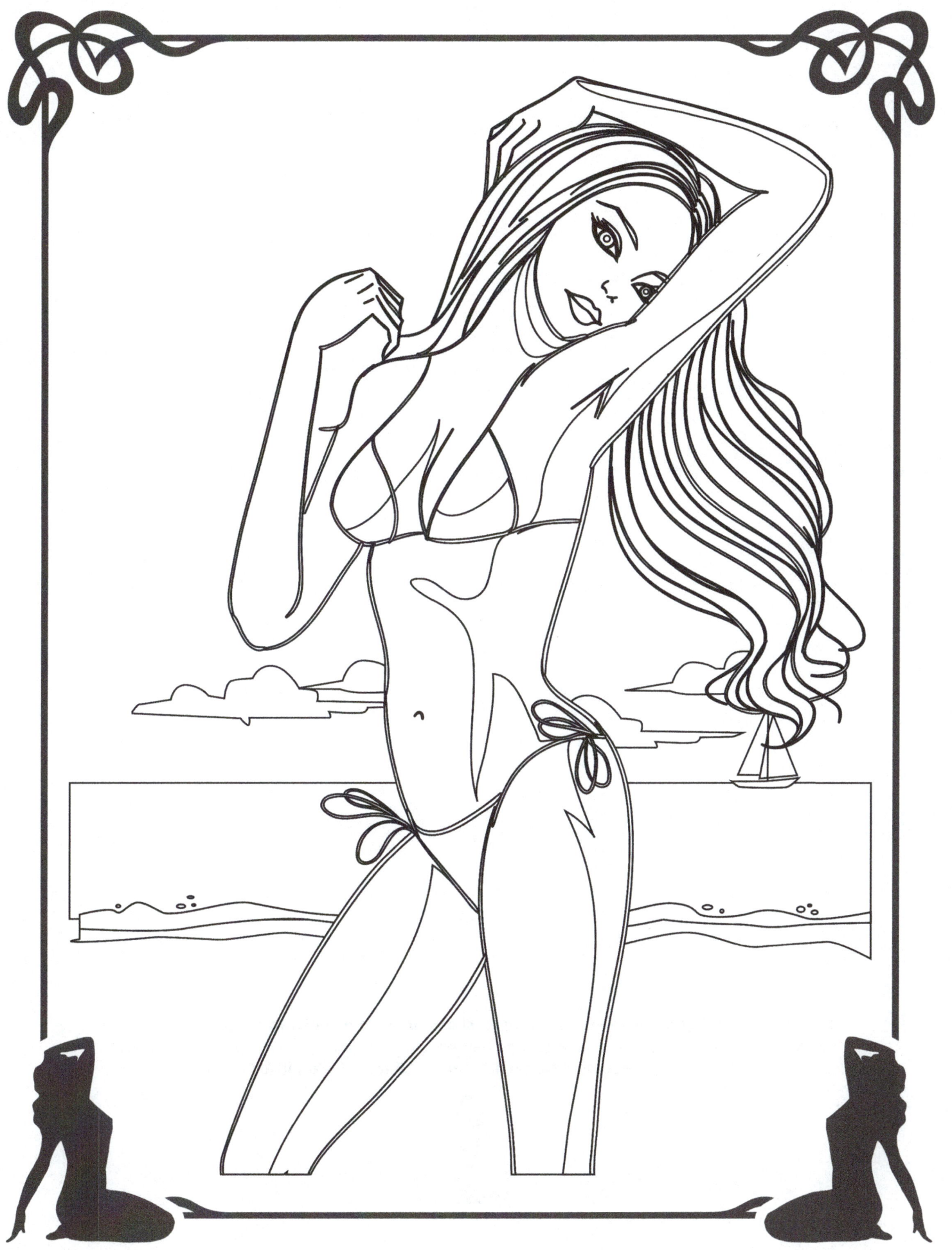

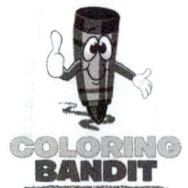

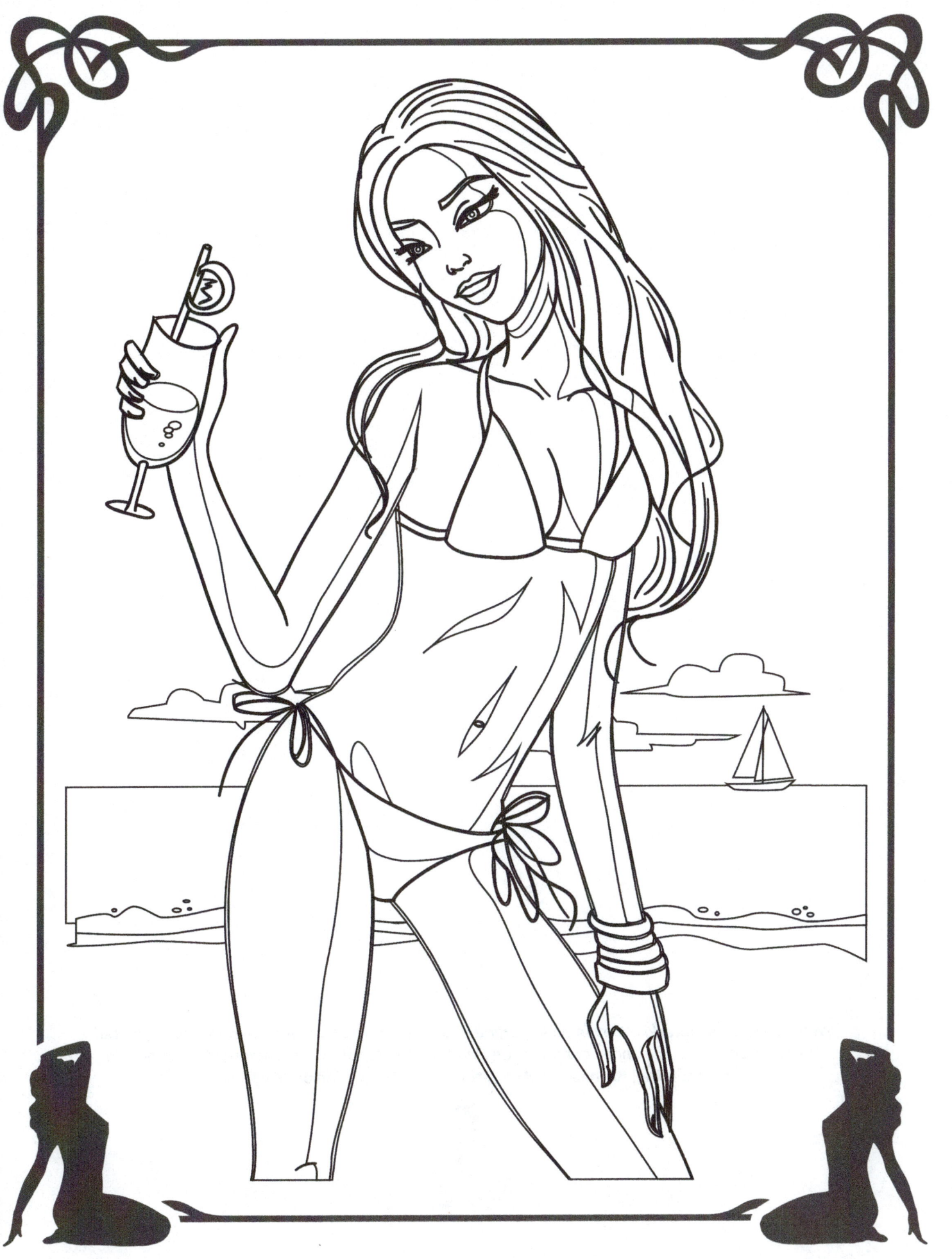

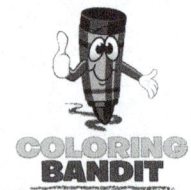

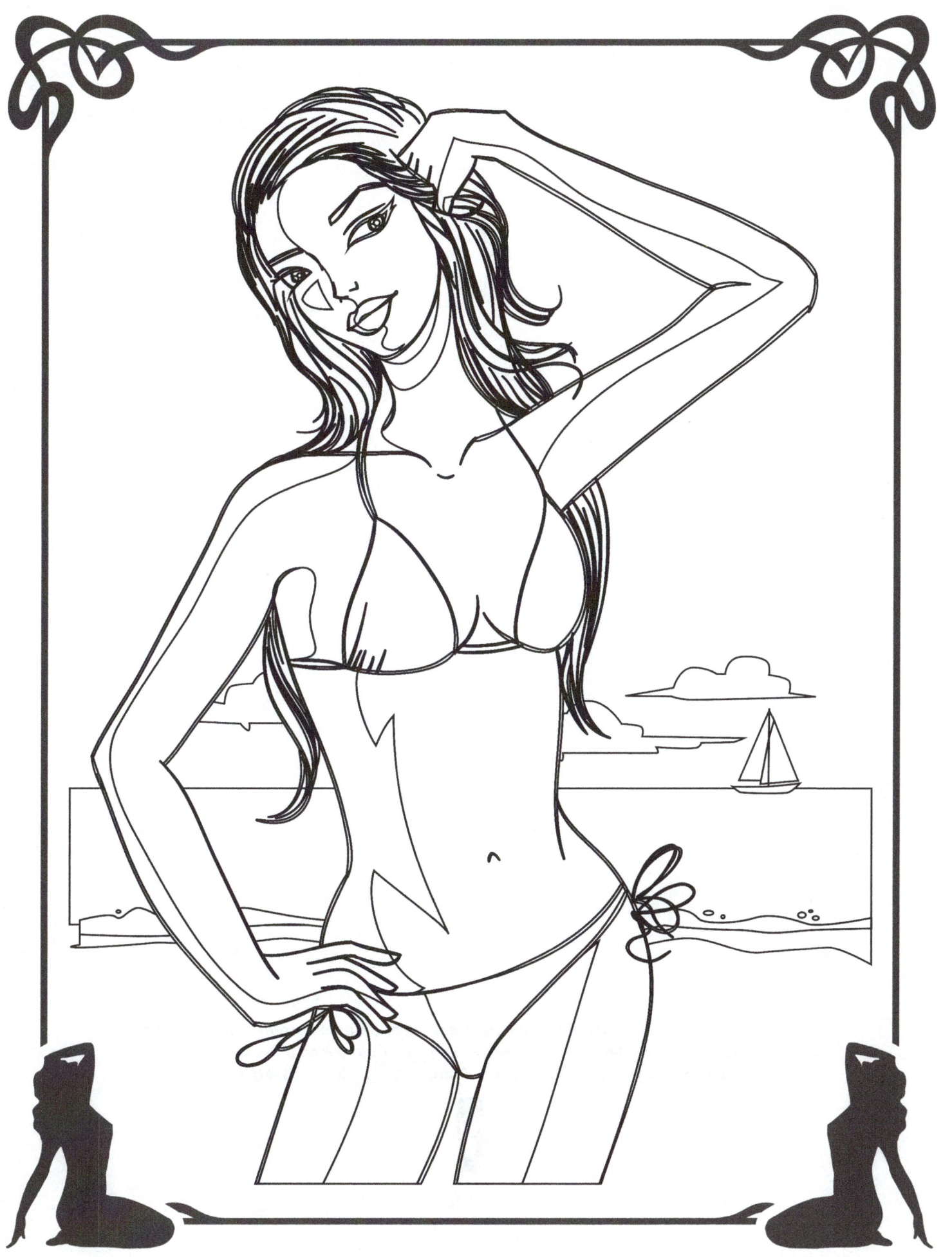

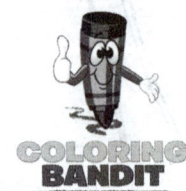

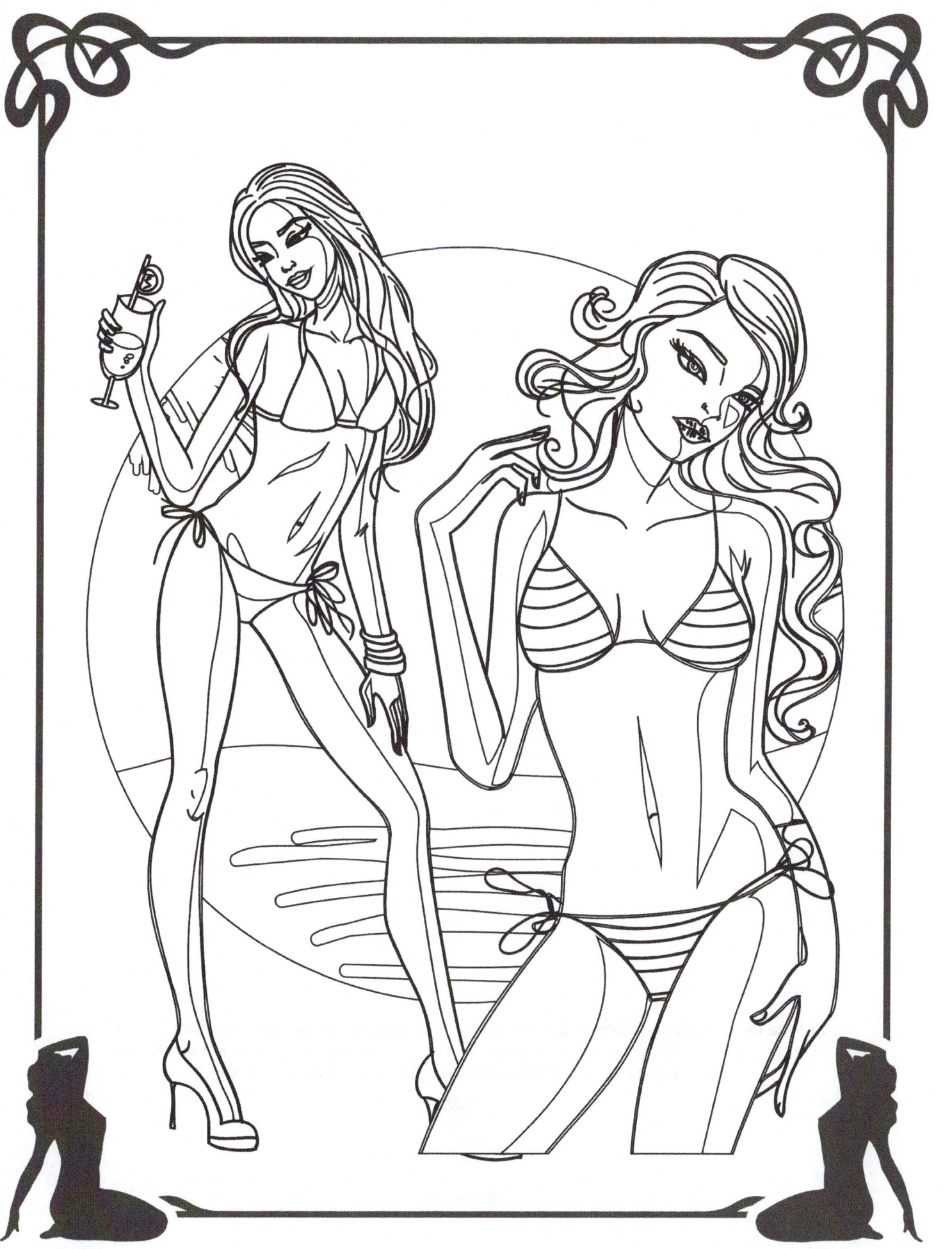

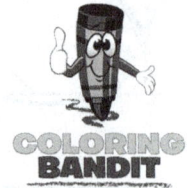

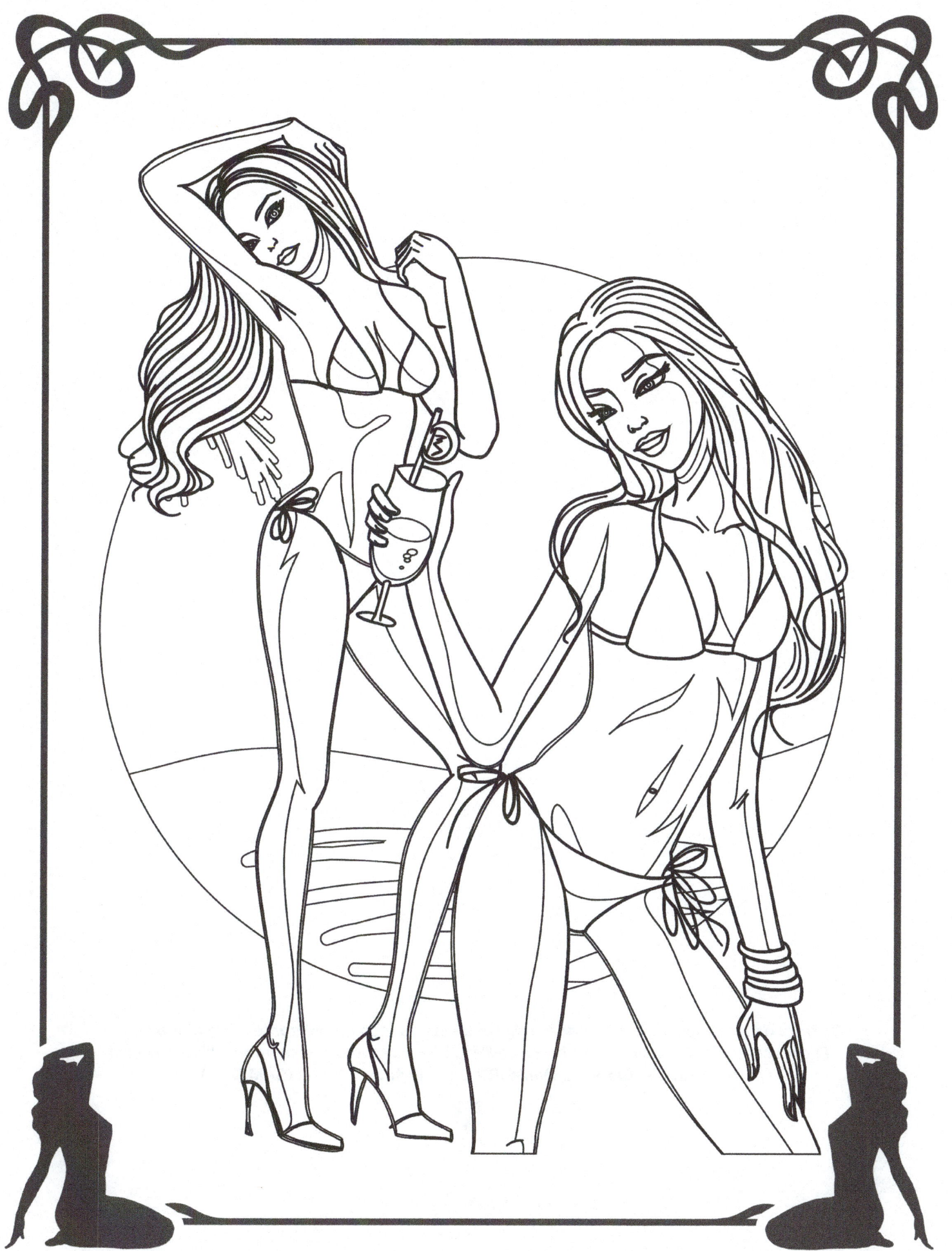

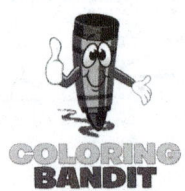

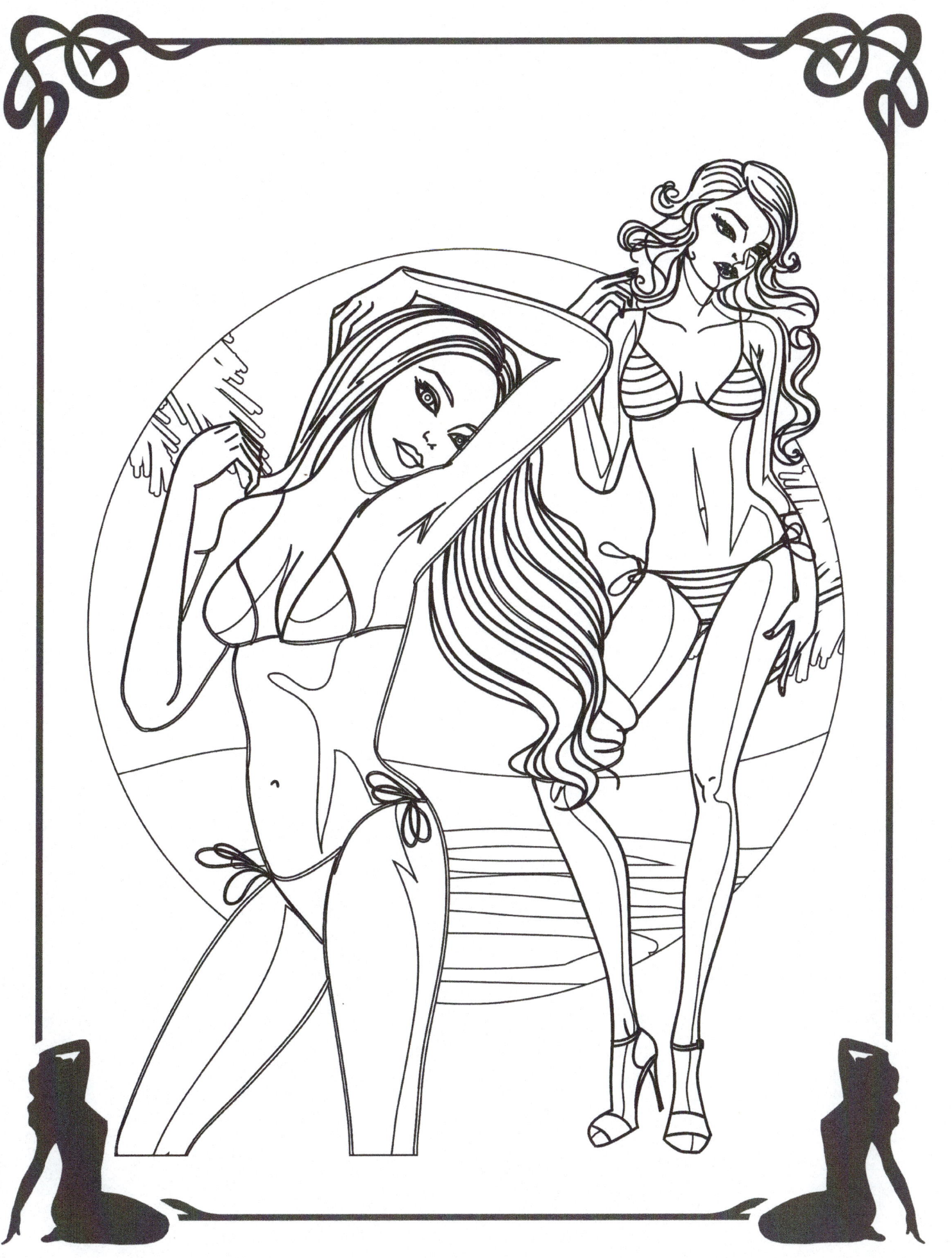

Made in the USA
Monee, IL
07 July 2026

56547371R00037